LINE OFFICIAL ACOUNT IN 5G GENERATION

「LINE公式アカウント」5G時代の“神”営業術

最強
リピート戦略ツール
「LINE」
×
伝達力4500倍!
「YouTube動画」

菅谷 信一
ネット戦略コンサルタント
Shinichi Sugaya

ＬＩＮＥ公式アカウント活用は５Ｇ時代に「動画」で劇的に進化する！
〜まえがきにかえて〜

二〇二〇年。私達のスマートフォン社会は歴史的な転換点を迎えようとしています。「５Ｇ」時代の到来です。

現在、私達が使用している４Ｇの規格が大きく進化し、通信速度が一〇〇倍と超高速になるばかりではなく、その多角的な応用により自動運転や遠隔医療など社会の様々な課題解決のための有効なツールとして大きな期待を集めているのが「５Ｇ」です。

このような５Ｇ時代の到来は、中小企業のためのＬＩＮＥ「ＬＩＮＥ公式アカウント」にどのような影響を与えるのでしょうか。

「５Ｇになると、単純にスマホが速くなり、動画を見るのが楽になるのかな。」などというように、多くの方が具体的に５Ｇの到来とビジネス活用の相関関係を見いだせないのが実態ではないでしょうか。

実は、この５Ｇ時代の到来が自動運転や遠隔医療などよりも、即影響を与えるものがこのＬＩＮＥ公式アカウントなのです。

にもかかわらず、中小企業にとり顧客とのコミュニケーションや販売提案に欠かすことのできないツールとして浸透しているＬＩＮＥ公式アカウントの活用にこそ、５Ｇが真っ先に影響を与えるものであることに、多くの方が気づいていないのです。

そして、本書における最も重要なキーワードが「動画」になります。

私が二〇一一年から提唱している「菅谷式YouTube戦略」は、今でも全国の中小企業の大きな武器として威力を発揮し続け、これまで総額一〇〇億円の売上げアップを企業に提供してきました。

タイトル付けなど重要なポイントを押さえながらYouTube動画を投稿すると、最短では三時間でGoogleやYahoo!の検索結果の上位に自身のYouTube動画が表示されます。新規にサイトを開設してもGoogle検索に反映されるのに時間を要するため、このような検索対策における即効性がYouTubeの大きな特徴のひとつと言えます。

また多様な検索キーワードの対策をする「ロングテールＳＥＯ」を実践しようとすると、一般には大量のＷＥＢページやブログ記事の生成を求められることが多く、時間の制約が多い中小企業にはロングテールＳＥＯの現実的な方法が見当たりませんでした。

ですが、「菅谷式YouTube戦略」では、無編集の一分動画を大量投稿することを推奨しているため、多忙な経営者でも多様な検索キーワードの対策をすることができます。私が多くの企業に指導してきたYouTube戦略は、大量に多様な検索キーワードを短時間にカバーすることができるため、他の検索対策の手法の追随を許しません。

私が最も合理的なロングテールSEOだと考えている手法が、このYouTubeによる検索対策なのです。

従来、多額のコストや手間をかけて中小企業が実践していた検索エンジン対策の多くは、Googleの高性能化により「自作自演の順位の操作」だと見破られてしまい、効果を落としていきました。

「菅谷式YouTube戦略」が変化の早いネットの歴史の中で、一〇年にも渡り効果を発揮し続け多くの中小企業に支持されているのは、そのような即効性、簡易性や無料で実践できる圧倒的なコストパフォーマンスなど多くの要因があります。

そしてYouTubeの持つ最大の特徴のひとつは、圧倒的な情報伝達量です。一分間の動画が持つ情報伝達量は、一八〇万文字分と言われています。これは四〇〇字詰め原稿用紙で四五〇〇枚分に相当します。

一般に四〇〇字詰め原稿用紙一枚は約一分で読むことができることから、文字情報と比較して動画による情報は四五〇〇倍の情報伝達力があると言えます。
このように一分間のYouTube動画は極めて雄弁なのです。

動画マーケティングの専門家である私はＬＩＮＥ公式アカウントの随所に、このように威力抜群の動画を取り入れ、その威力を何百倍、いや何千倍にも増加させる独自の手法を多くの中小企業に指導し続けてきました。

本書では最新の「動画活用型」ＬＩＮＥ公式アカウント活用により大きな成功を収めた中小企業の姿を赤裸々に描きました。そのいずれの企業も、一般的なＬＩＮＥ公式アカウント活用ではなく、動画活用型の運用だからこそ得られた威力を体感しています。

ＬＩＮＥ公式アカウントにおける動画の活用場面は、大きく次の三場面です。

（1）動画を活用した登録促進
（2）動画を活用した一斉配信
（3）動画を活用した個別配信

一般的なＬＩＮＥ公式アカウントの活用では、これらの三場面で動画を織り込むことがなく、文字だけに依存した、いわば「読ませる」ＬＩＮＥ活用であるために、効果が極めて限定的だと言えます。

YouTubeなど動画を活用するからこそ、自社の魅力やセールスポイントを四五〇〇倍、相手に伝えることができ、その結果、有効な登録者を集めることができるのです。

そうした登録者に対して「読ませる」ＬＩＮＥ配信ではなく、動画により四五〇〇倍「伝える」ＬＩＮＥ配信だからこそ、一般的な配信とは比べものにならない反応を得ることができるのです。

そして、通信速度などのいくつもの制約が取り除かれ、このような動画活用型のＬＩＮＥ公式アカウントがさらに大きく進化するのが、５Ｇ時代なのです。

このように国内のインターネット環境が発達し、通信回線も高速化していることから、中小企業でビジネスを行う私たちは文字情報だけではなく動画も交えた訴求力の高い方法で顧客や見込み客に効果的な情報発信を行わなければいけません。

ですが、残念ながら世の中には中小企業を対象にした動画を軸にしたネット戦略の活用については実証済みの効果的な方法がほとんど紹介されていません。

本書は既刊本「YouTube大富豪七つの教え」、「YouTube革命者異次元の稼ぎ方」、「LINE@"神"営業術」と並び、国内では数少ない中小企業向けに動画を軸にしたネット活用で業績アップを指南する貴重な一冊です。

私は今日でも年間一〇〇回のペースで全国各地の商工会議所、商工会、法人会、青年会議所などで中小企業向けインターネット活用の普及啓蒙を目的にした講演活動を行っています。

その冒頭で私は分かりやすくこのようにメッセージを伝えています。

「中小企業のネット営業は、『集客はYouTube』、『リピート向上や紹介促進はLINE公式アカウント』。忙しい中小企業の経営者は、このツールに絞り集中して実践をしてください。」

中小企業の経営者は、仕入れ、配達、見積もりの作成、納品、社員教育、資金調達など多忙な毎日を送っています。とてもではありませんが、次々と登場するソーシャルメディアのすべてに取り組むことは時間的にも困難です。

私のようなネットの専門家が、実証済みのデータと成功事例をもって、業績向上に直結したソーシャルメディアが具体的に何なのか、そして不要なソーシャルメディアは何なのかを正確に伝えていかなければならないのです。

本書の事例で紹介しているように、動画活用型ＬＩＮＥ公式アカウントの運用は、業界を問わず中小企業に大きな利益をもたらします。顧客や見込み客のスマホにダイレクトに届く動画付きのメッセージは、他のメディアでは想定できない反応を得ることができるのです。

新しいＳＮＳが登場すると、その活用は飲食店や美容室などから始まります。ＬＩＮＥと聞くとそれらの業界特有のツールだと誤解する方がいます。ですが、本書に登場する事例のように、「住宅不動産業界」、「自動車バイク業界」、「治療院業界」、「運送業界」など幅広い業界での応用事例が出現してきています。

彼らは限られた時間の中でいくつかのポイントを守り、動画活用型ＬＩＮＥ公式アカウントの運用を続け、コストゼロで顧客リピートを向上させ、失客を防ぎ、業績アップを実現することができました。

無料で運用を開始することができるＬＩＮＥ公式アカウントは、まさに中小企業の台所事情にも合ったツールといえます。機能面でも、本書で詳しく紹介しているように登録者へのメッセージ到達率がEメールとは比較にならないほどの威力抜群のツールです。

これを「中小企業の救世主」と呼ばずして何と呼んだらいいのでしょうか。


幸運なことに日本国内ではすでに八〇〇〇万人を超えるLINEユーザーがおり、現役世代のほぼすべてのスマホユーザーに浸透しているメジャーなツールです。

にもかかわらずLINEのビジネス版であるLINE公式アカウントの効果的な活用が中小企業に広く普及していない現状の中では、「先んずれば人を制する」ように積極的に挑戦した者だけが大きな先行者利益を手にすることができるでしょう。


本書は私にとり十二作目の著書となります。これまでもその時代に合わせた様々なネット戦略を書き記してきましたが、今回はまさに5G社会の到来を直前に控えた時期にタイムリーな内容を全国の誠実に事業に取り組む中小企業、個人事業主、起業家の皆様にお伝えする機会に恵まれました。

前作「LINE@〝神〟営業術」の続編として、事例も大幅に刷新し加筆を重ねて生まれたのが本書です。

まさに「世界で一番早い」5G時代のLINE活用本になります。

本書の5G時代を先取りした最先端のLINE公式アカウント活用によって、誠実にビジネスを行う中小企業や地方で頑張る小さな会社の経営者、営業マンに大きな業績アップを達成して頂ければ、これ以上の喜びはありません。

そして前作同様に、本書が中小企業に夢と希望を与え、多くの実践成功者が次に続く経営者に良き背中を見せられるようなキッカケにしていただければと思います。

その意味で本書が日本の中小企業のネット活用を大きく進化させる一冊になると信じています。

さあ、本書のページをめくって「5G時代」のLINE公式アカウント活用の世界に飛び込んでいきましょう。

菅谷 信一

LINE は、LINE 株式会社の商標または登録商標です。YouTube は、YouTube,INCの登録商標です。
Google 及び Google ロゴは、Google,INCの商標または商標登録です。
本書に紹介されている会社名、製品名はそれぞれ各社の商標および登録商標です。

◆目次

第1章 スマホ一〇〇倍速！ 5G社会で「LINE」活用がビジネススタンダードに

第2章
メール不達時代の到来。顧客メールアドレスは会社の財産から「ただのゴミ」に。

第3章 売上2・5倍、顧客8割が登録・・・ 6人の「LINE」"神"営業術公開！

「LINE公式アカウント」成功者一人目……87
前年比二・五倍の劇的売上アップ！
YouTube動画を交えたメッセージ性の強い一斉配信。
マキ鍼灸治療院 代表　吉田真規子さん（東京都三鷹市）

「LINE公式アカウント」成功者二人目……94
導入以来毎月、売上三割アップを達成。
八割の顧客を登録させる秘策は個別呼びかけ！
串揚げこてつ 代表　樋口哲也さん（福岡市中央区）

「LINE公式アカウント」成功者三人目……100
患者さんに有益な情報を提供して喜ばれる。
LINEは強力なコミュニケーションツール。
目白接骨院　院長　岡野達徳さん（東京都豊島区）

「LINE公式アカウント」成功者四人目……106
人手不足解消のためにLINE公式アカウントを活用。
週一回の一斉配信で応募者が大幅に増加。
株式会社アート・プラ　代表取締役　横田浩崇さん（東京都江戸川区）

「LINE公式アカウント」成功者五人目……112
店頭呼びかけで濃い六〇〇名の友だち登録を短期間に獲得。
特典を盛り込んだ一斉配信メッセージの反響も上々
やきとりの三冠王 代表　花井巌さん（静岡県富士市）

「LINE公式アカウント」成功者六人目……118
スマホでもできる一対一のコミュニケーションが
業務効率化や顧客関係強化に貢献。
株式会社CARRY（SUZUKI MOTORS）代表取締役社長
鈴木貴大さん（山形県酒田市）

第4章

「売上」「動員」「登録数」へのアプローチ4500倍!!
超戦略型「LINE公式アカウント」"神"営業への九ステップ。

第5章 5G時代に先駆ける！ さらに多様化するLINE営業・集客の可能性と未来予想図！

※本書は2017年に刊行された『効果4500倍！LINE@"神"営業術』（小社刊）を再編集、加筆、改題したものです。

第1章
スマホ一〇〇倍速！
5G社会で「LINE」活用がビジネススタンダードに

1 到来する5G社会で中小企業はどう変わる？アメリカ大統領も恐れる「スマホ」革命到来。

二〇〇七年にApple社が初めてiPhoneを発売して十二年が経過します。日本の社会でも日常生活に欠かせないものとして定着した感のあるスマホですが、二〇二〇年に日本におけるスマホ社会はさらなる大きな転換期を迎えます。

４Gから５Gへの規格の大進化です。５Gとは、Fifth Generationの略で、第五世代の移動通信システムという意味です。

私達が慣れ親しんでいるスマホの通信速度は、世界水準で見た場合に、決して誇れるものではありません。５Gの通信速度は、従来の４Gの約一〇〇倍であり、約二時間の映画のデータも三秒ほどでダウンロードできると言われています。もちろん短編の動画などは瞬時にダウンロードできるようになり、「ダウンロード」という概念が世の中からなくなるかも知れません。

一言でいうと、別次元の速度のスマホが当たり前のように使用される時代が到来するということです。

特にアメリカは、世界で最も意欲的に5Gの普及に取り組んでいます。今年四月、ホワイトハウスで行われた5Gのイベントで「アメリカは5Gの競争に勝たなければならない」とトランプ大統領が演説するほどの力の入れようです。

アメリカでは四大通信事業者が、5Gにおける競争を繰り広げており、AT&T社はすでに全米十二都市で5Gのサービスを提供、Sprint社も、ニューヨーク、ロサンゼルス、ワシントンDC、フェニックスで5Gサービスを始めました。そして、その普及は今年後半から来年に向けて加速していく予定です。

アメリカ以外でも、世界各地の七二の通信事業者が5Gサービス提供に向けた準備を進めており、その中の三分の一が今年中に5Gサービスの開始を発表すると言われています。

国内でもこれらの世界の動きに追随して、5Gの本格開始に向けた動きが始まっています。NTTドコモでは、今年秋に開催されたラグビーのワールドカップ会場にて、5Gを実際に体感してもらうプレサービスを実施しました。観客は、5G端末で試合を多視点でリアルタイムに視聴する「マルチアングル視聴」を楽しみ、報道陣はスタジアムで撮影した報道写真を5G端末で瞬時にアップロードすることができました。

このように国内携帯各社も、5Gの本格的な商用サービス提供を目指して着々と準備を進めているといった状況です。


そのように劇的な変化が訪れるスマホ社会ですが、実際に私達、中小企業のビジネス現場で起こり得る変化とはどのようなことでしょうか。

マスコミ各社が報じる予測では、5G社会の到来により、自動車の自動運転やロボットによる遠隔医療の可能性について言及しています。もちろん中長期的な視点では、それらの先端技術への応用も実現していくことでしょう。

ですが、5G社会の到来とともに、私達、中小企業の現場で実際にすぐに起こる変化を予測するのであれば、私は、「スマホ動画活用の更なる普及」と断言します。

スマホを用いて「動画を閲覧する」だけでなく、「動画を投稿する」、「動画を送信する」など、動画に関わるすべての活用が大きく進化するということです。

振り返ってみるとこの一〇年間は、スマホの普及により、YouTubeなどの動画が市民権を得て、老若男女問わずに動画視聴に慣れ親しんだ時代だったと言えます。

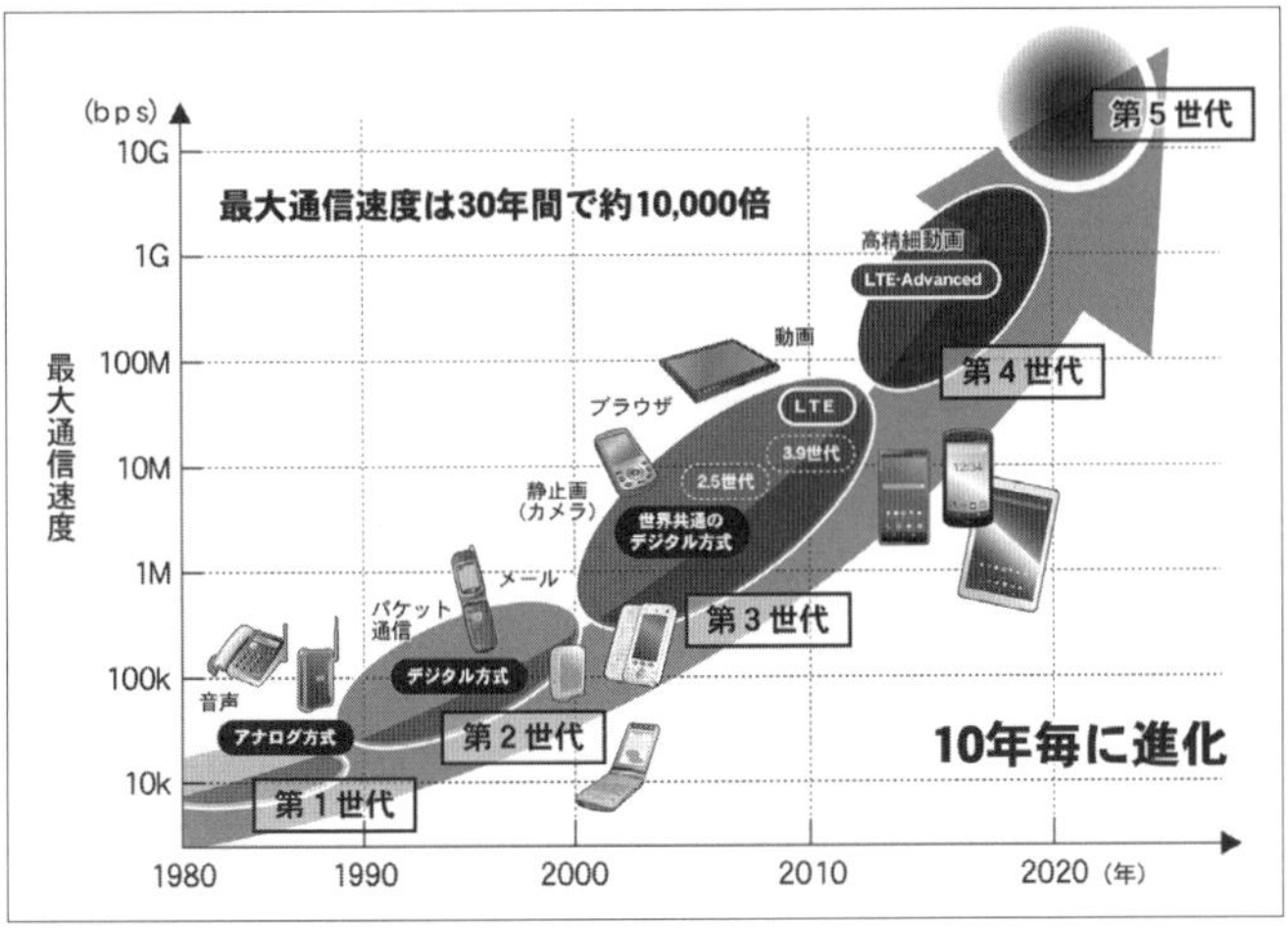

※出典：総務省「第5世代移動通信システムについて」

今後は更に、通信速度が問われる「動画を投稿する」場面と「動画を送信」する場面で、従来とは別次元の速度をユーザーが経験することとなり、その体験が新しいアイデアやビジネスへの応用を生み出していくことでしょう。

いわば、5G時代は、約一〇年前のスマホの登場時に続き、スマホを用いた動画活用の環境が更に整備された「スマホ動画活用2・0」時代と呼ぶにふさわしい、歴史的な革命期の到来となります。

いまや、パソコン以上のビジネスツールとして成長したスマホ、そのコミュニケーションツールとしての最強の手段「LINE」が、この革命でさらに加速することは言うまでもないでしょう。

② 5G社会に向けて「LINE@」から「LINE公式アカウント」へ進化

二〇一二年から、「中小企業のためのLINE」として活用されてきた「LINE@」。そのLINE@が二〇一九年四月に大きくバージョンアップし、「LINE公式アカウント」として生まれ変わりました。

従来のLINE公式アカウントは、大企業向けのLINEの位置づけで存在していましたが、利用料が月額二五〇万円以上と高額で、とても中小企業に手が出せるサービスではありませんでした。

そこで、従来のLINE@とLINE公式アカウントがサービスを統合し、新しい「LINE公式アカウント」としてリリースされました。気になる利用料も、従来のLINE@をほぼ踏襲して、月間一〇〇〇通までは無料。それを超過しても月間一万五〇〇〇通までは五〇〇〇円といった料金体系になっています。（月間一万五〇〇〇通を超過すると月額一万五〇〇〇円。）

リッチメッセージ機能など、従来、有料プランでないと使用できなかった機能も、無料プランのユーザーのために開放されたものも多く、また月間四回と利用制限があったタイムライン投稿も上限が撤廃されるなど、超ヘビーユーザーを除いた一般的な利用を前提とした場合には全体的に利用料の負担軽減につながる改定が目立ちます。

LINE公式アカウントは、従来のLINE@と同様に、個人のLINEユーザーのお客様に対して企業や店舗がメッセージを配信したり、クーポンを提供したりできるツールです。特に、既存客のリピート対策やご紹介対策などの、顧客維持対策に有効なツールであり、一般人の電話の通話時間の減少「電話離れ」や、Eメールを使用しない層の増加「メール離れ」といった時流も後押しして、今後ますますその有効活用が注目されていくツールです。

LINE公式アカウントには、一斉配信メッセージという機能があり、これがまさしくメールマガジンと同様の機能といえます。つまりLINE公式アカウントを活用すれば、誰でも簡単に無料でメールマガジンを運用することができるのです。

ＬＩＮＥ公式アカウントは、基本的に無料で使えるツールです。無料のフリープランでは、月間一〇〇〇通まで配信することができます。仮に二五〇人の登録者がいた場合に、月間四回配信しても、それらが無料で活用できるのです。

月額五〇〇〇円のライトプランで利用すると、月間一五〇〇〇通の配信をすることが可能です。（本書執筆時の二〇一九年一〇月現在）

また月額一五〇〇〇円のスタンダードプランでは、月間四五〇〇〇通の配信をすることができます。私も現在、このスタンダードプランでＬＩＮＥ公式アカウントを運用しています。

これらの費用は、コストパフォーマンスとして見た場合に非常に優れたものであるということができます。毎週一万人に対して有料のメールマガジン配信スタンドを使ってメールマガジンを配信した場合、比べ物にならないぐらいの多額のコストが発生するからです。ライトプランでも年額六万円のコストで、メールマガジンとは比較にならない高い到達率と登録者との濃密な関係性を保ちながら、多数の登録者に配信ができるというのは、実に画期的なシステムといえます。

ＬＩＮＥ公式アカウントは、圧倒的な到達率とコストパフォーマンスを持つ中小企業のための「新型メールマガジン配信システム」と言えるでしょう。

従来のLINE@と比較して、一斉配信や個別配信などの基本機能に大きな変化はありませんが、細部において改善が進み、特にパソコンを用いた管理が一段と進化した印象があります。

私がLINE公式アカウントのリリースと同時に使用を始め、友達登録者数七〇〇〇人に対して定期的な配信を行うなど、活用をする中で実感したLINE公式アカウントの特徴、従来のLINE@との違いは以下の五点です。

（一）管理画面のインターフェイスの使いやすさ

LINE公式アカウントの管理はパソコンとスマホのどちらからでも行うことが可能です。私は企業研修などで、一斉配信の設定などの場面はパソコンで、外出先などでの友達登録促進や個別配信はスマホで、というように場面に応じて使い分けるように指導しています。

従来の大企業向けのLINE公式アカウントからの踏襲と考えられますが、パソコンの管理画面における項目配置が従来のLINE@の管理画面と比べて整理されて、インターフェイス面での飛躍的な向上を感じさせました。

（二）登録者の属性別の配信「属性絞り込み配信」

友達登録数など一定条件を満たすことが求められますが、友達の性別や年齢、住んでいる都道府県、友達登録期間などの属性を設定し、その属性に適合した友達に対してのみ一斉配信メッセージを送信することが可能となりました。

この機能により、多様な属性の登録者が存在する場合に、不必要なメッセージを配信することでブロックを発生させるリスクを低減させる効果があり、総花的な内容の配信ではなく、より属性に応じた的確なメッセージを配信することへとつながります。

（三）リッチメッセージなど高度な表現の充実

大企業の一斉配信メッセージに見られるような、スマホの画面横幅いっぱいのサイズに画像を掲載し、その画像をタップすると特定のＷＥＢページなどにリンクする機能のことをリッチメッセージといいます。

この機能は従来、有料プランのみに提供されていた上級機能でしたが、今回は無料プランも含めてすべてのユーザーが利用できるようになりました。これにより、すべてのユーザーが画面をより効果的に使った表現が可能になり、詳細情報を記したＷＥＢページやYouTube動画への動線強化に役立つと考えられます。

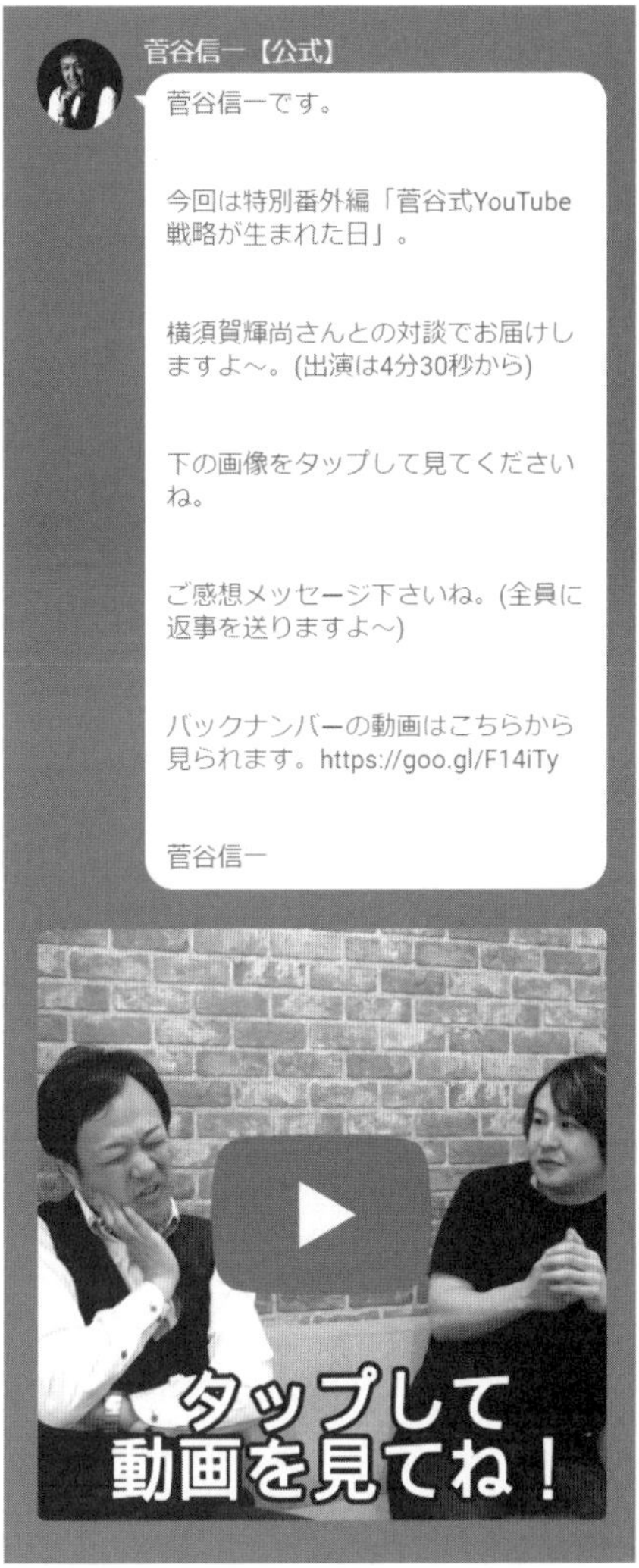

画面横幅一杯の大きなボタンは動線強化の効果絶大。

（四）ＡＢテスト機能の提供

ＡＢテストとは、二通り以上の市場への訴求アイデアがある場合に、同じ条件にて複数パターンの訴求アイデアを告知するなどして実験し、どちらがより高い効果が得られるかを検証する手法です。

今回、ＬＩＮＥ公式アカウントでは、指定した割合の登録者に対して、複数案の配信メッセージを行うことが可能となりました。たとえば友達登録が一〇〇〇人いる場合には、Ａパターンの配信メッセージを五〇〇人に、Ｂパターンの配信メッセージを残りの五〇〇人に配信するといったイメージです。

（五）動画による個別配信を前提にした画面設計

今回のリニューアルで最も私が驚いたのが、スマホのＬＩＮＥ公式アカウントのアプリにおける個別配信（チャット）に設けられた、動画ファイル添付の機能です。

従来、ＬＩＮＥ＠のアプリに実装されていたボイスメッセージという音声送信の機能が廃止された代わりに、強調されたのが動画ファイル添付のメニューです。

４Ｇの環境下では、長編の動画ファイルを添付してＬＩＮＥメッセージを送信するのはエチケット違反と考えなければいけませんが、５Ｇ時代になれば、そうした問題もなくな

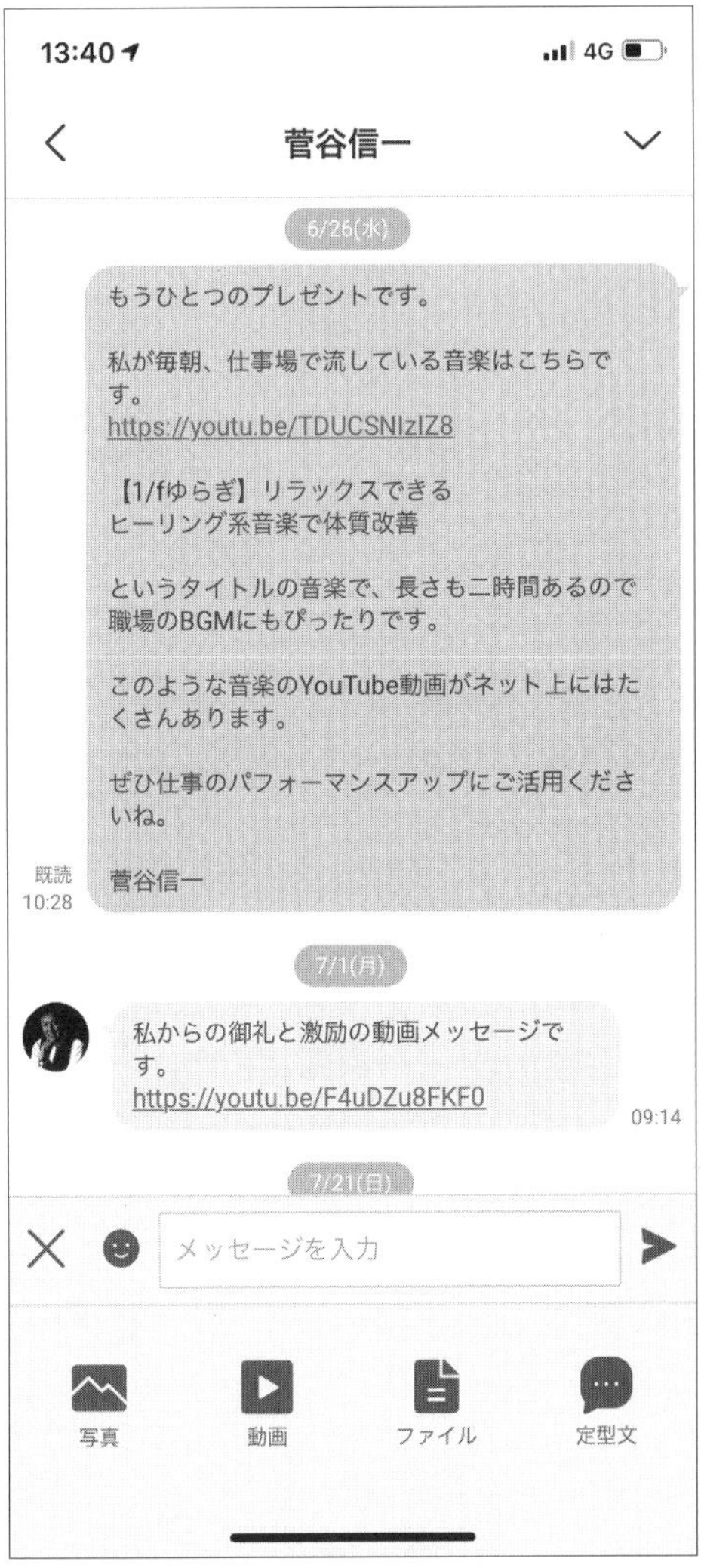

個別配信（チャット）画面にて動画ファイル添付ボタンが強調されている。

ります。

まさにＬＩＮＥ公式アカウントは５Ｇ時代の到来を前提にして、日本中の企業が顧客に対して個別配信（チャット）の機能を用いて動画を送信することを推し進めているかのような仕様の進化です。

この機能は、前節で述べた通り、来たるべき５Ｇ社会の到来を予測するかのような機能であり、私たち中小企業は、改めてその活用を意識し、具体的にビジネスの現場でどのような活用が考えられるかをイメージしながら臨まなくてはなりません。

3 令和の時代感に合ったLINE活用とは

令和の時代を迎え半年が経過し、私達のビジネス環境はどのように変化していくのでしょうか。

またその変化により、LINEのビジネス活用はどのような対応を求められるのでしょうか。

思い返せば平成の三〇年は、その大半がデフレとともに流れた時間でした。デフレにより物価が下がり、商品やサービスの価格を下げることを強要された結果、価格競争の意識が経営者、ビジネスマンの心理に深く浸透した時代でした。

それに対して令和の時代は、インフレの環境のもとビジネスの展開を求められる時代となります。今年一〇月一日に始まった消費税増税や世界的な金利の上昇、原材料、燃料、食品などの高騰により、デフレ下とは全く異なる経営戦略で私達はビジネスに臨まなくてはなりません。

この変化はＬＩＮＥの活用にも大きな影響をもたらします。

従来、ＬＩＮＥ活用の中で多くの中小企業が行っていた「クーポン」、「値引き」、「プレゼント」、「特典の付与」といった施策は、「価格勝負」のインフレ下で効力を発揮する施策と言えます。

ですが、デフレからインフレへの転換を迎え、これらの施策はすでに「周回遅れ」の施策となり、それらを実施すればするほど自社の首を絞める結果をもたらします。

それでは、インフレの令和の時代に私達が心がけるＬＩＮＥの活用方針とはどのようなものでしょうか。


それはズバリ、「価格」ではなく「価値」で勝負するＬＩＮＥの活用です。

「クーポン」、「値引き」、「プレゼント」、「特典の付与」に依存したＬＩＮＥの活用から脱却し、顧客に対して自社だけが提供できる商品、サービスの価値訴求型の情報発信や販売提案が求められるということです。つまり、デフレ時代の感覚でＬＩＮＥ公式アカウントの運用を続けることは非常に危険な行為であるということを、私達、経営者は認識しなくてはなりません。

ＬＩＮＥ公式アカウントは威力抜群のツールです。ですが、所詮「ツール」に過ぎません。経営の成否の七割は、戦略で決まります。ツールなど戦術が与える割合はわずか三割なのです。

経営は変化対応業である以上、このような大きな時代の変化を認識した上で経営戦略を構築し、その実現のためにツールを効果的に使わなくてはいけません。

現在、多くの企業が頭を悩ます人材の採用についても同様です。

もちろんＬＩＮＥ公式アカウントは顧客とのコミュニケーション以外にも、人材採用にも有効です。

すでに先端的なＬＩＮＥ公式アカウントの活用を行う企業は、事業用のアカウントとは別に、人材採用向けのアカウントを取得し、ＬＩＮＥ公式アカウントの多角的な活用に取り組んでいます。

そのような人材採用を目的としたＬＩＮＥ公式アカウントの活用においても、その配信内容やコミュニケーション手法は大きく変化してきています。

昭和の価値観が色濃く残る二〇年前の人材採用の場面では、待遇や勤務条件、企業ブランドを強く押し出したアピールが目立っていました。ですが、現在の求職者が企業に求めているものは、ある調査によると「成長できる環境があるか否か」だそうです。

従って、人材採用を目的としたＬＩＮＥ公式アカウントの活用においても、人材の持つ価値観の変化に対応できた企業が大きな成果を挙げているのが実態です。

時代の大きな転換期に立つ私達は、効果的なツールであるＬＩＮＥ公式アカウントを多方面で活用する際にも、そうした経済環境の変化や価値観の変化を強く認識する必要があるのです。

読者限定・菅谷信一ミニ動画セミナー

・第１章のポイント、内容を菅谷信一が読者限定公開動画で解説。

http://www.arms-project.com/linebiz-goma/01/

スマホから
はこちら

第2章
メール不達時代の到来。顧客メールアドレスは会社の財産から「ただのゴミ」に。

1 馬車が自動車に代わるような、ネット営業・集客の変革期

本書はＬＩＮＥ公式アカウント活用術の本ですが、本題の前になぜＬＩＮＥなのか？ということを私の経験を通じてお話ししていきます。

私がこれから述べることは、衝撃的な事実です。驚く方も多いと思います。ですが、その内容は一〇年後の二〇二九年には間違いなく正しかったと証明されるでしょう。

私が一九九七年にインターネットの世界に飛び込んでから、早いもので二〇年が過ぎようとしています。当時はＷＥＢ制作を生業にしていた私ですが、今では独自性の高いネット戦略を軸にした経営コンサルティング業に転換して、多くの中小企業の経営改善のアドバイスをしています。

二〇年前に花形と呼ばれたＷＥＢ制作業ですが、今では何の付加価値もない印刷業と同

様に、技術の標準化とともに単に価格競争に巻き込まれている「労働集約型の仕事」に成り下がってしまいました。このように、二〇年前には信じられなかった「未来」が、今、現実として起きています。

振り返ってみると、私たちをとりまくインターネットの歴史には様々な変革期がありました。二〇〇三年ごろ、ブログの台頭により私たちはその発信の利便性に驚き、二〇〇九年にはtwitterブームにより多くのユーザーが平等にソーシャルメディアの恩恵を受けることになったのは比較的記憶に新しい事実です。

そして、FacebookやInstagram、私が専門としているYouTubeなど次々と現れるソーシャルメディアに誰も驚かなくなりました。二〇一一年ごろからスマートフォンが台頭し、WEBサイトも一気にスマホ対応が標準的なものとして受け入れられるようになりました。このように、ネットの歴史を振り返ると、いくつかの転換期がありました。ですが、今回の大転換はそれらを遥かにしのぐ、ネットの歴史上、最も大きな転換点と言ってもいいでしょう。

今まさに私たちは、ネットの世界が始まって以来の大変革期を迎えようとしているのです。今回、私が筆を執った理由は、日本全国で誠実なビジネスに取り組む中小企業にその事実を知って頂き、意識改革を促すためです。

これまで私たちはネット上のコミュニケーションでEメールを使ったやり取りをしてきました。私たちの名刺には社名、名前、住所、電話番号と並んで、当たり前のようにEメールのアドレスが記載されています。

そして私たちの現場では電話やFAX以上にEメールのやり取りによりビジネスが行われています。ビジネスの現場以外でも、ホテルの予約やショッピングなどネットを使ったコミュニケーションのすべてにおいてEメールの使用を前提とした取引が行われています。

ところが今、そのEメールを前提としたネットの世界がまさに崩壊に向かって突き進んでいると言ったら、何人の人が信じてくれるでしょうか。

Eメールによるネット上のコミュニケーションや取引が当たり前となっている今、私たちの名刺からEメールアドレスが消えることは想像できないかも知れません。

ですが、好むと好まざるとに関わらず、それは足音を立てて着実に私たちに近づいている事実なのです。

私は自身の公式メールマガジンを週に三回のペースで配信していますが、その登録読者数は二万人を超えます。私の全国講演の熱心な聴講者や著書の読者の皆様が多くを占めますが、私と彼らを結ぶ伝達手段はEメールです。

私は決して安くはないメールマガジン発行システムを使用し、配信前日に原稿を入力し、配信日時などを設定し毎号のメールマガジンの発信を行っています。

そのようなプロセスを経て、二万人の読者にメールマガジンを送信しているのです。このような発信の作業をもう一二年もの間、行なっています。

ですが最近、その様子に変化が起きてきました。

大切な読者の皆様に私のメールマガジンが届かないのです。

直接お会いする機会があるメールマガジンの読者に、「私のメルマガを読んでいただけましたか。」と尋ねると、「おかしいですね。届いていません。」と首をかしげられることが増えてきたのです。

そうなのです。私のメールマガジンは相手に届いていないのです。

メールマガジン配信システムのデータなどから私が分析すると、私のメールマガジンの精読率は一〇%、良くて二〇%といったところです。

特に、多くの方が利用しているGメールを通しての受信は、Googleがメール内容を詳しく分析しているため、少しでも過剰な表現が含まれたメールの題名及び本文については、自動的に迷惑フォルダーに分類されてしまうという特徴があります。

またネット上に存在するホームページなどの情報と同様に、個人が受信するメールの数も飛躍的に増加している今日、そうした大量のメールの渦に自分のメールが紛れてしまい、相手に自分のメールが到達しないことが多いのです。

自分が発信するメールマガジンが、相手に届いているという保証はまったくないのです。企業は積極的にお客様のメールアドレスを収集し、そのお客様と一層のコミュニケーションを図ろうとメールマガジンを活用しています。

見込み客のメールアドレスの価値は、属性が適合していれば、一顧客リスト当たり二〇〇〇円、商品単価が高いビジネスなどの場合には一万円と言われています。

ところが相手に届かないメールアドレスに、それだけの値打ちがあるでしょうか。

私たちは二〇年続いてきたEメールアドレス至上主義に、いよいよ別れを告げる時が来たのです。これをネットの歴史上最も大きな変革期と呼ばずして、何と呼んだらいいでしょうか。

私は、この変革期を、馬車が自動車に置き換わり、プロペラ機がジェット機に進化した以上の大きな変革期だと考えています。

著者のメールボックス例。
一時間でも迷惑フォルダに大量のメールが舞い込む。

私がオフィスを構える品川に連日、顧問先の企業経営者がコンサルティングを受けるために来訪します。最近、私が彼らにアドバイスしていることは、「既存客や見込み客のEメールアドレスの値打ちが、未来永劫続くと考えるな。少しでも早くそれらの財産をLINE公式アカウントにシフトするように」ということです。

そうした私の助言を聞く経営者の顔は一瞬、信じられないという表情になりますが、私がその理由を説明すると一様に納得してLINE公式アカウントの対策を講じるようになります。

二〇一九年秋の段階で、このような予言をすることは大げさと思う方がいるかもしれませんが、これから一〇年後にこの本を手に取った方は私の予言が正しかったことを知るでしょう。

経営とは、いつの時代でも「変化対応業」であり、「未来予測業」です。

五〇年前にはコンピューターのデータを瞬時に地球の裏側に届けることは不可能だと皆が信じていたように、また二〇年前にパソコンと同じ性能を持つ電話機が胸ポケットの中に入ってしまうことを誰も信じなかったように、一〇年後にEメールアドレスがなくなるという私の話も今は、誰も信じようとはしないでしょう。

見込み客リストや既存客リストは、ビジネス上、大きな財産です。

江戸時代から顧客台帳は商人にとって最大の財産と言われてきました。当時、火事が多かった江戸の街でいざ火事が起きると、商売人は顧客台帳である大福帳を井戸の中に放り込み逃げたと言われています。特殊なのりで加工されたその大福帳は火事が収まると井戸から引き上げられ、商人たちは再び商売を始めることができたのです。

今も昔も顧客台帳、つまりリストはそれほど大きな値打ちのある財産と言えるのです。

ネットにおけるその最大の財産が、今まさに大きく形を変えようとしていることを、まず意識して下さい。

2 私が一年半で七〇〇〇名の登録獲得した最短最速の「ファン獲得法」。

ここでは、私がどのようにＬＩＮＥ公式アカウントを活用しているのかの舞台裏をご紹介したいと思います。

私がＬＩＮＥのビジネス活用を始めたのは二〇一七年三月のことです。それまでの私は爆発的に普及していくＬＩＮＥの潜在能力を感じながらも、やはりまだ個人コミュニティのイメージが強くビジネス活用としての力不足を感じていました。ところが、ＬＩＮＥのビジネス活用ツール「ＬＩＮＥ＠」（現在のＬＩＮＥ公式アカウント）が静かに盛り上がっているという情報を知り、いよいよ重い腰を上げて取り組んでみることにしたのです。

私とともに経営スクール「ビジネスタイガー養成講座」を主宰するビジネスプロモーターの藤村しゅんさんから助言をいただき、ＬＩＮＥビジネス活用を本格的に始めることにしました。

藤村さんは、良質なコンテンツを持つ著者とタイアップし、様々なビジネス企画を運営する、業界でも数少ない実績豊富なビジネス仕掛け人です。もちろんＬＩＮＥビジネス活用の有効性にも早くから着目し様々な取り組みをしていることを伺いました。

まず私は効果的な特典を用意した上で、リアルの活動とネット上の双方においてＬＩＮＥ公式アカウントの登録者獲得に本格的に取り組むことにしました。

私が用意しているＬＩＮＥ公式アカウントの登録者への特典は次の五つです。

（一）極秘講演映像「菅谷信一・地域コンサルＮｏ１への道」
（二）一二〇人の行列を一瞬で作った「菅谷信一・伝説のプレゼン」
（三）YouTube戦略ミニ講座一【キーワードに困らないＱ＆Ａサイト五つ】
（四）YouTube戦略ミニ講座二【転ばぬ先の杖・ペナルティ対策】
（五）YouTube戦略ミニ講座三【無料サイト制作方法四選】

■菅谷信一公式ＬＩＮＥ公式アカウント
ＱＲコード
ＩＤ：@s-sugaya

五つの特典動画は合わせて八〇分を超える濃厚な内容で、視聴いただいた登録者からも「特典は、本格的な教材のように濃い内容で勉強になった。」とのご感想をたくさんいただいています。

登録者獲得のためにまず私は、メールマガジンの読者二万人に対して、ＬＩＮＥ公式アカウントでは独自の有益な情報を発信することを訴え、ＬＩＮＥ公式アカウントへの登録を促すことにしました。メールマガジンでの配信内容とは異なる方針を打ち出し、私の公式ＬＩＮＥ公式アカウントの配信内容への興味を抱かせる企画として訴えることにしたのです。

また私が運営する公式サイトや各種サービス案内サイトなどでも積極的に専用のバナーを掲載し、ＬＩＮＥ公式アカウントの登録を促進することにしました。

私は全国各地での講演活動で多くの中小企業の経営者と直に触れ合う機会があります。その講演の機会でも積極的にＬＩＮＥ公式アカウントへの登録を促すようにしました。

すると本格的に登録者獲得を始めてから約二年半で七〇〇〇人を超えるお友達を獲得することができました。

ＬＩＮＥ公式アカウントの登録者獲得の取り組みを通して感じたことは、メールマガジンの読者獲得と比べて、非常にそのプロセスが簡単で、スムーズにお友達の獲得ができたということです。

それまでメールマガジンの読者獲得は講演会などで名刺交換を行い、そこに個別にメールを送信し、以降のメールマガジン配信の許諾を得て、その後、メールマガジンの読者登録をするという煩雑なプロセスを踏んでいました。

またネット上でのメールマガジン読者獲得の施策では、メールマガジンが乱発されている現状では簡単に属性に合った読者を集めることは難しく、苦戦を強いられていました。

ところがＬＩＮＥ公式アカウントで二年半の間に濃厚なお友達七〇〇〇人とつながることができたということは、ＬＩＮＥ公式アカウントはメールマガジンと比べて、お友達登録という最初の壁をスムーズに乗り越えられる特徴があるということです。

私はＬＩＮＥ公式アカウントの登録者に対して、原則週に一回、「仕事に役立つYouTubeのテクニック」と題した一分間の動画も交えたコンテンツを配信しています。

メールマガジンの配信内容と比べてボリュームは少な目ですが、ＬＩＮＥ公式アカウントのメッセージ配信の誌面の制約を補うために、一分間のYouTubeの限定公開動画を活用した表現にしており、配信内容は登録者が実際にビジネスの現場で活用できる企画内容を心がけ配信しています。

メールマガジンと同様にLINE公式アカウントの読者の方と直接お話をする機会もあるのですが、メールマガジンの配信内容と比べてLINE公式アカウントの配信内容は多くの方が精読して頂いていることを実感します。

「前回紹介されていたYouTubeのテクニック、初めて知りました。」

「先日のYouTubeの活用法、早速現場で使っています。」

などLINEで直接メッセージを頂くことも少なくありません。こうした反応は、メールマガジンでは、基本的にはありえなかったことです。

こうした反応から私の配信するLINE公式アカウントはきちんと登録者の元に届き、他社の情報配信の渦に紛れることなく、相手にメッセージが届いているということを実感します。

様々な媒体を活用してきた私だからこそ、LINE公式アカウントの優位性を改めて実感しています。

メールマガジンを取り巻く「三重苦」という言葉があります。

著者の公式LINE公式アカウントの管理画面。
七〇〇〇名以上の登録者を二年半で獲得した。

「三重苦」とは、メールマガジンは、「登録されない」、「届かない」、「読まれない」という現実を表現したものです。

私のメールマガジン発行についても、登録者を獲得すること、迷惑フォルダーに入ることなく相手のメールボックスに正しく届くこと、そしてきちんと内容を読んで頂けること、という三つの大きな壁を乗り越えることに非常に大きな労力を費やしています。

ところがＬＩＮＥ公式アカウントの運用では、スピーディーに障害なく、そして多くの方にお友達登録をしていただくことが可能です。これは私自身が体験をして最も驚いたことです。

このまま私がＬＩＮＥ公式アカウントの運

用を続ければ、メールマガジンとは比べ物にならないぐらいの濃厚な登録者を一万人、二万人と増やしていくことができるでしょう。

そして、その配信内容は、他社の情報発信の渦に埋もれることなく、きちんと相手のスマホに届き続け、到達率の悪いメールマガジンの読者一〇万人に匹敵する効果を私にもたらすことでしょう。

配信内容の精読という点でも、読者との信頼関係を第一に考えた有益な情報発信を心がけ継続していくことで、登録者に愛される理想的なＬＩＮＥ公式アカウントの運用を継続していくことができるはずです。

このように私自身もネット業界歴二〇年の中で、最もその威力の大きさを実感しているツールのひとつ、それがＬＩＮＥ公式アカウントと言えるのです。

③ ネット二〇年「コミュニケーション・トレンド」の変化とLINE五つの優位性

インターネット二〇年の歴史の中で、なぜLINEが短期間に圧倒的な威力を持つコミュニケーションツールになったのでしょうか。そして、私が、「すべてのEメールアドレスはLINEに置き換わる。」と予感させるほどの理由はどのような点にあるのでしょうか。

従来、ネットの歴史の中でコミュニケーションツールといえば、Eメールの他に、携帯メール、ショートメール、Facebookメッセンジャーなどのツールがありました。

ですが、ほんのわずか数年の間にLINEが全国民の半数以上にまで普及するようになり、私たちの生活に欠かせない「インフラ」として定着してきたのには、これらの五つの理由があると私は考えています。

■LINEが最高のコミュニケーションツールとして定着している五つの理由

（一）スマホとの抜群の相性
（二）電話とメールを兼備した機能
（三）優れたグループ機能
（四）スタンプ機能
（五）簡易な登録の手段

ひとつ目は、スマホと非常に相性の良いツールだということです。

平成三〇年版の情報通信白書によると、スマートフォンの個人保有率は六〇％を超えています。

私が全国に講演で移動する際に、新幹線などの車両の中を見渡してみると、目を開けている乗客のほぼ全員がスマホを触っています。それは、駅のホームや喫茶店、ホテルのロビーや学校のキャンパスでも同様です。

他のコミュニケーションツールと違ってＬＩＮＥは、スマホを前提とした設計思想に基いて作られており、スマホの台頭とともに普及してきた、まさに「スマホ対応型コミュニケーションツール」といえます。

この点は、Eメール、携帯メール、ショートメール、Facebook内でのメッセージにはなかった大きな特徴です。

ふたつ目は、電話の機能とメールの機能を兼備したコミュニケーションツールだという点です。

従来私たちは、電話とメールは別のツールとして、スマートフォン、携帯電話、パソコンを活用してきました。

ですが実際に、固定電話の電話番号、携帯電話の番号、メールアドレスなど友達一人につき複数の情報を管理するのは非常に煩雑です。

ところがLINEは一度友達とつながれば、その目的である電話の通話とメールのやりとりの両方が可能になるのです。この連絡先の「一元管理性」がLINEの大きな特徴といえます。この利便性には逆らうわけにはいきません。

三つ目はグループの機能です。

私は日常業務の中で「チャットワーク」というツールを使用して、各プロジェクトの情報管理、メンバーとの意見交換をしていますが、このような専門性の高いツールを使用しなくても、任意のメンバーをグループのメンバーに設定して、気軽に情報共有やコミュニケーションを簡単に取ることができる点は、やはりこれまでのツールにはなかった大きな特徴といえます。

Facebookのグループやmixiなど、アカウントを取得してわざわざSNSに参加しなくても、簡単にグループを設定して即時にコミュニケーションが取れる点は、これまでのツールにはなかった点です。

ビジネスに限らず、サークルやグループ内のメンバー、遠く離れた家族間でのコミュニケーションなど、LINEのグループの機能は私たちの日常の中にすでに深く馴染んでいます。

四つ目は、スタンプの機能です。

LINEの画面インターフェース自体も非常に親しみやすい雰囲気になっており、スタンプは送信内容にユーモアを加えられる効果があります。どのスタンプを選択するかで利用者の個性を表現できる点も魅力的です。

スタンプは、利用者のその時の感情をシンプルに伝えることができる効果もあり、一瞬で自身の感情を伝えることができることから、多くの方にその機能が便利なものとして使

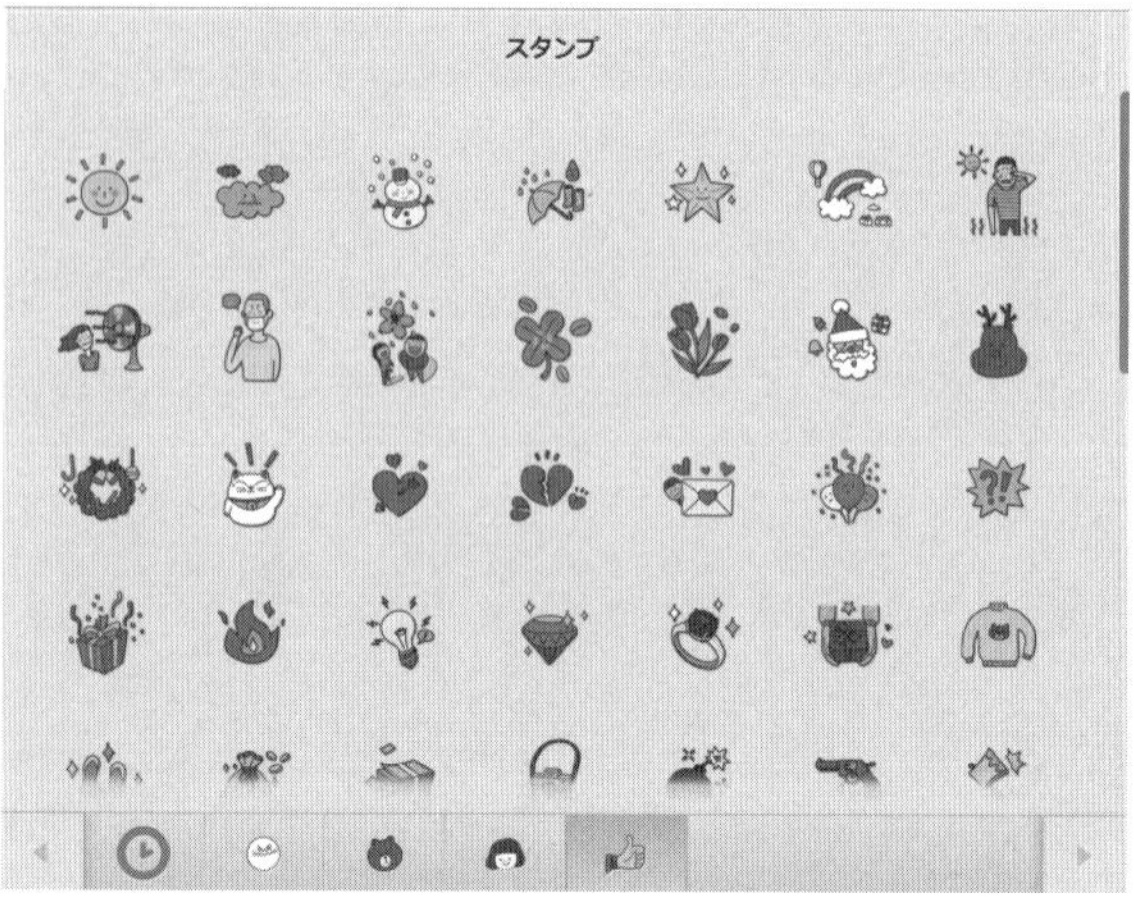

LINEのスタンプは瞬時に自分の感情を伝えられる優れた機能として、LINE普及のひとつの要因になっている。

われているのでしょう。

このスタンプ機能は、ＬＩＮＥが多くのユーザーに愛されているひとつの大きな要因と言えます。

五つ目は、簡易な登録の手段です。

従来のＥメールなどでは、初めて自分のメールアドレスを相手に伝えるためには名刺など紙媒体を用いた方法が中心でした。また携帯電話では、赤外線などを使って情報の交換をしていたこともあるでしょう。

ところがＬＩＮＥはＱＲコードなど非常に認識率の高い伝達方法を用いて、簡単に相手とＬＩＮＥの交換をすることができます。

これが多くの方にＬＩＮＥを普及させ、また友達の輪をスピーディーに広げていった大きな要因と言えるでしょう。

これら五つの要因を兼備したコミュニケーションツールは、ネット二〇年の歴史の中で他に例を見ないもので、改めてＬＩＮＥは優れたツールとして、今後もネット社会の中でその存在感を示していくものと予感させられます。

単にブームということではなく、ＬＩＮＥだけが国民の半数以上の普及率を獲得した五つの要因を正確に理解して、そのビジネス活用であるＬＩＮＥ公式アカウントの戦略を考えていきたいものです。

4 集客はYouTube。リピート・紹介はLINE公式アカウント。ネット二大ツールを使いこなせ。

続々と上陸するソーシャルメディアに混乱している経営者も多いと思います。そこで、それらのソーシャルメディアが目的別に、ビジネスのどの場面で最も効果を発揮するのかを分かりやすくまとめてみます。

ビジネスの営業活動の段階として、「集客」、「成約（クロージング）」、「顧客リピート」、「紹介促進」という四つの場面があります。

その四つの場面ごとにどのツールが有効なのかをまとめたのが次の表です。

まず、集客についてです。

そのソーシャルメディアがネット集客に有効な道具かどうかの判断は、Google検索に相性の良いツールかどうかをよく見極める必要があります。

営業の場面	有効なツール
集客	YouTube、ブログ、インスタグラム
成約（クロージング）	LINE公式アカウント（YouTube）
顧客リピート	LINE公式アカウント（YouTube）
紹介促進	LINE公式アカウント（YouTube）

拙著「YouTube大富豪七つの教え」、「YouTube革命者異次元の稼ぎ方」（ともに小社刊）でも詳しく述べているように、私はGoogle検索に相性の良いネット集客のツールとしてYouTubeを第一にお勧めしています。

二〇〇六年にYouTubeはGoogleの傘下に入り、Googleの全面的な支援のもと全世界中に利用者数を飛躍的に増加させています。

このようにYouTubeはGoogleとの親和性が非常に高いことから、YouTubeに動画を投稿すると最短では投稿後三時間でその動画がGoogle検索に反映されていることもあります。

文章を書く必要もなく、特別な機材などを必要とせずにスマホ一台で簡単にできるGoogle検索に有効な情報発信術として、私が全国の中小企業経営者にYouTube戦略をお勧めしているのはそのような理由です。

YouTubeは、動画タイトルなどいくつかのポイントに留意することで、最も簡単に、最も時間をかけずにGoogle検索の上位に自社情報を発信することができる貴重なツールなのです。

また同様にブログもGoogle検索に相性の良いネット集客に有効なツールです。

ブログには、アメーバブログ、ライブドアブログなどをはじめとした無料のブログサービスとWordpressなど自社サーバー内に構築するブログシステムの二つがあります。

そのいずれも、記事タイトルに見込み客が使用するであろうキーワードを設けることで、Googleはそのブログ記事を検索結果上にYouTube同様に反映させます。

このように検索エンジンで圧倒的なシェアを誇るGoogleに相性の良いツールを効果的に使うことで、自社のネット集客に威力を持たせることができるのです。

最近の動きとしては、主に女性や若年層に浸透しているツールとしてInstagramが挙げられます。Instagramは、Google検索をするネットユーザーではなく、「Instagramの中に価値ある情報があるはずだ」との理由でInstagramを検索エンジン代わりに使用しているユーザーに支持されています。

自社の顧客層が若年層かつ女性である場合には、一部Instagramを交えたネット集客の対策をすると良いでしょう。

次に成約化のプロセスです。

自社にとって全く縁のなかった方々を、YouTubeまたはブログを使ってGoogle検索に反映させることで、そこから自社を認知させ、問い合わせを獲得します。これがネット集客です。

そのネット集客後に、問い合わせを頂いた見込み客と信頼関係を構築していくツールこそがＬＩＮＥ公式アカウントなのです。

住宅、不動産、自動車や宝石など高額なお買いものの場合には、見込み客はより慎重に情報を集め、じっくりと比較検討をして、最終的に購買の意思決定をします。

また、自身や家族の教育的な投資、医療、治療など大切な身体や健康に関することもネットユーザーは同様に時間をかけて、慎重にどの商品、サービスを選択するかを検討をします。

このように初期問い合わせから最終購買までの期間が長い性質を持つ商材の場合には、初期問い合わせ以降のフォローアップの仕組みをしっかりと構築する必要があります。そこで威力を発揮するのがＬＩＮＥ公式アカウントです。

頂いた問い合わせをＬＩＮＥ公式アカウントに誘導し、価値ある情報を定期配信したり個別フォローをすることで、相手の大切な時間を奪うことなく、相手の生活リズムやペースを乱すことなく、さりげなく成約に向けてのフォローアップをすることができます。
前述の通りEメールでの見込み客フォローは、大量のメールの中に自社メールが埋もれたり、迷惑フォルダーに入るリスクや、多くのネットユーザーのEメール離れが加速した時に、フォローアップのツールとしての利用価値は次第に失われていくことでしょう。

そうしたプロセスを経て、自社商品、サービスをご購入頂いたお客様は、既存客になります。特に繰り返し購買をしていただくリピート性の高い商品、サービスの場合には、顧客維持対策が非常に重要になります。

そこで最も力を発揮するのがＬＩＮＥ公式アカウントです。
既存客の持つスマホに確実にメッセージを届けることができるツールであるＬＩＮＥ公式アカウントは、従来、顧客維持対策として使われていたハガキやニュースレター（瓦版）のようなツールと比較して、圧倒的な情報の到達度、メッセージの伝達力、情報量を持っているのです。

また、顧客維持対策のひとつ、「紹介の促進」についても同様です。ここでもＬＩＮＥ公式アカウントは大きな威力を発揮します。
既存客が自社商品、サービスについて満足をしていただき、自社と信頼関係が構築され

著者が指導している店舗はYouTube集客とLINE公式アカウントによる顧客リピートで短期間に業績が改善している（写真は三章の事例に登場する福岡市の串揚げこてつの樋口さん。背景にはLINE登録促進用のPOPも見える）。

ているのであれば、お客様との定期的な接触を図ることで、他のお客様の紹介が得られる可能性があります。

これは最も営業効率の良い顧客獲得方法です。また、「お客様紹介キャンペーン」のようなＬＩＮＥ公式アカウントの企画を打ち出すことで、既存客にお客様を紹介しようという意識を喚起する効果も得られるでしょう。

紹介促進の対策においても、相手の胸ポケットに確実にリーチできるＬＩＮＥ公式アカウントこそが最も適したツールであるといえます。

ここまでの説明で、多くの方が使っているFacebookやtwitterなどがこれらの営業プロセスの中で触れられていないことを不思議に思った方も多いことでしょう。それには私の頭の中に明確な理由があるのです。

たとえば、FacebookはGoogle検索において反映される箇所がFacebookページのタイトルなど限定的で、ネット集客に有効なツールとは決して言えません。

またFacebookは、友人や知人、お客様とのコミュニケーションに有効であるという意見もあります。

ですがFacebookは、相手がFacebookにアクセスをしない限り自社発信の情報に触れる機会は乏しく、限りなく「受け身」のコミュニケーションといえるでしょう。

つまりFacebookは、ネット集客においても、成約化や顧客リピートにおいても、実に中途半端なツールであると言わざるを得ません。

私たちはソーシャルメディアというツールに踊らされることなく、どの営業活動の場面にどのソーシャルメディアの長所を有効活用できるのか、慎重に考えて活用する必要があります。

5 顧客維持ツールNo.1。会社・店舗と顧客をつなぎ止める戦略ツール。

LINE公式アカウントは経営の要因の中でも特に既存客のリピート対策、つまり顧客維持戦略に有効なツールであると言えます。

私がLINE公式アカウントはネットの歴史二〇年の中でも最も優れたツールのひとつであると認め、今後も中小企業の経営者にその活用法を勧めていきたい大きな理由が、この顧客リピート対策、顧客維持戦略に非常に相性の良いツールであると考えるからです。

顧客リピート対策の重要性は、経営戦略の原理原則であるランチェスター経営戦略からも明らかです。

中小企業の業績アップを考えた場合に絶対に欠かすことができない原理原則、それがランチェスター経営戦略です。

■業績を決定する経営の八要素

区　分	内　容
1. 商品対策	商品、サービスの何にテーマを絞るか。
2. エリア対策	商圏エリアをどこに絞るか。
3. 客層対策	どのターゲットに絞るか。
4. 営業対策	どのように新規客を獲得するか。
5. 顧客対策	どのようにリピート促進をするか。
6. 財務戦略	お金をどのように使うか。
7. 組織戦略	どのような人材・組織で取り組むか。
8. 時間戦略	どのように時間を使うか。

ランチェスター経営戦略は、別名「弱者の戦略」とも呼ばれ、特に中小零細企業が専門特化の一位づくりをすることで競争力を保ちながら、利益を継続的に確保するための基本的な考え方になります。

私が中小企業の業績アップを目的とした経営コンサルティングをする場合に、根底にある重要な考え方がこのランチェスター経営戦略なのです。

ランチェスター経営(株)の竹田陽一先生によると、会社の業績を決定する要因は次の八つの要因があるそうです。

この八要素の中で、「一、商品対策」から「五、顧客対策」までの五要素を「お客様づくり」と呼び、特に小さな会社の業績の八割を決定づける重要な要素ということになります。

私がクライアント企業の基本戦略策定においても特に重要視するのが、「一、商品対策」、「二、エリア対策」、「三、客層対策」の三要素です。

つまり、業績を伸ばしたい中小企業が、「どの商品を」、「どの商圏エリアで」、「どのような客層ターゲットに対して」絞って訴求していくのかを明確にする作業が、経営改善の第一歩になるのです。

商品、商圏エリア、客層ターゲットの三点において、「どのような切り口であれば自社が一位といえるのか」を考えることこそが、経営の原点でもあります。

たとえば、商品、商圏エリア、客層ターゲットの三点において、その狙いが明確な企業と、不明瞭な企業では、大きな業績の差が生まれます。

また業績に与える相関度は、商品対策から顧客対策に至る「お客様づくり」が全体の八割を占めます。一方で組織や財務といった内部対策は二割以下の割合です。

効果的な、商品対策、エリア対策、客層対策の専門特化と一位づくりができると、その後の営業展開をスムーズに行うことができます。

また、そこで得られた新規顧客を、以降の継続的な取引を行えるお得意様に育てることができます。そこで必要なのが顧客リピート対策、つまり顧客維持戦略です。

特に、飲食店、美容室、エステサロン、治療院など店舗系の企業経営を営む場合には、この五番目の要素である顧客対策が業績を左右する非常に重要な要因になります。

これらの店舗型経営の場合には、顧客リピート対策が杜撰であると、せっかく商品対策、エリア対策、客層対策において効果的な一位づくりができていても非常に効率の悪い経営となり大きな利益を残すことができません。

ですが営業活動にそれほど大きなマンパワーや金額的投資をかけることができない小さな店舗であっても、顧客リピート対策を十分に講じている場合には、比較的安定した売上、利益を確保することができます。

それほど顧客リピート対策は、経営上、非常に重要な要因となるのです。

また別の角度から、顧客リピート対策の重要性を見てみましょう。

私が全国各地で行う講演の冒頭でよく説明をする、業績を構成するシンプルな三要素についてです。これは大手上場企業から街の飲食店まで、全ての企業に共通するシンプルな方程式で、次のようなものです。

■企業の売り上げを構成する三要素

客数 × 客単価 × 顧客リピート（または紹介）

会社や店舗の一年間の売上は、客数と客単価と顧客リピートまたは紹介の三要素の掛け算で決まるというものです。

仮に、前年対比で客数が一・二倍、客単価が一・二倍、そして顧客リピート率も一・二倍で一年間経営できれば、年間の売上は前年対比で約一・七倍になるのです。

特に私が店舗経営の経営者にコンサルティングしている指導内容は、客数や客単価を大きく伸ばすことができなくても、顧客リピート率を一・二倍から一・五倍伸ばすことを目標に取り組むことは比較的簡単にできることなので、顧客リピート対策を徹底して実践する、ということです。

関東地方のある美容室の経営者は、私の経営コンサルティングを約三年間受けて頂いていますが、徹底した顧客リピート対策を行うことで前年対比一・一倍から一・二倍を三年に渡り継続しています。

世帯数の割に美容室が多い激戦区に立地するその美容室は、この三年間で着実に業績を伸ばし続けているのです。

また、顧客リピート対策以外にも、カットやパーマに加えて専門性の高いサービスを開発し客単価アップを図ったり、チラシやタウン誌など高コストの広報手段に依存しないで低コストで実践できるネット営業対策を展開することで売上に加速がついています。

客単価を二倍にしたり来店数を二倍にするのは大変なことですが、顧客リピート率を伸ばし続けることは他の二つの要因を伸ばすことと比べて、簡単で現実的な対策なのです。

それほど業績を左右する重要な要素である顧客リピート対策ですが、その具体的な戦術としては、従来、ダイレクトメールなどのハガキやニュースレターなどが活用されてきました。

ですが、いずれのツールも次の二つのハードルがあることから、中小零細企業では顧客リピート対策として継続的な取り組みができませんでした。

ひとつ目のハードルは、コストの問題です。

ダイレクトメールやハガキ、ニュースレターを定期的に既存客に郵送するには、郵送のコストや印刷コストが必要になります。その費用の負担感が中小零細企業の顧客リピート対策に心理的なブレーキをかけていました。

二つ目のハードルは、制作における企画の労力です。

定期的にダイレクトメールやニュースレターを作成するためには、そこに掲載する内容の企画が必要です。ですが日常業務で忙しい中小企業の経営者には、その企画に時間を割く余裕がなく、結果的に継続したダイレクトメールやニュースレターの発送が困難になっていました。

これらの二つのハードルがあることで、中小零細企業は効果的な顧客リピート対策ができないまま経営的に苦戦を強いられていました。

経営戦略上、最も簡単で効果的な対策が顧客リピート対策であるにも関わらず、現実的に実践可能なツールがないために、中小零細企業の現場で顧客リピート対策が形になっていなかったのです。

そこで「中小零細企業の救世主」ＬＩＮＥ公式アカウントの登場です。

ＬＩＮＥ公式アカウントを使えば、コストの面を心配することなく中小零細企業の経営者は誰でも顧客リピート対策を実践することができます。

また掲載内容の企画の面でも、ＬＩＮＥ公式アカウントの一斉配信メッセージは長文を書いたり、多くの誌面の内容を企画する必要がないことから、忙しい経営者でも少ない労力で既存客に定期的にアプローチを取ることができます。

ＬＩＮＥ公式アカウントはこのように、ネットの歴史上最も優れたツールのひとつであるばかりではなく、中小零細企業の顧客リピート対策の面からも「一〇〇年に一度」といってもよい最強のツールであるといえるのです。

6 情報伝達力抜群のYouTube動画を確実に相手に届けるツール。

私が三つ目に注目している可能性は、YouTube動画との相性の良さを生かしたLINE公式アカウントとYouTube動画の複合的な活用法です。

LINE公式アカウントの一斉配信メッセージに、文字情報であるテキストメッセージだけではなく、YouTube動画を交えることで、より立体的で視覚的な情報を相手に伝えることができます。

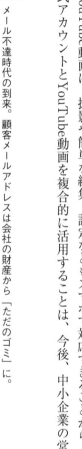

具体的には、私のLINE公式アカウント一斉配信メッセージで毎週火曜日に配信している「仕事に役立つYouTubeのテクニック」でも実践していることですが、テキストメッセージの中にその内容を紹介したYouTube動画のURLを記載して、「読ませる」のではなく「見せる」情報として登録者に情報を伝える活用法です。

YouTube動画は、撮影や簡単な編集、設定などもスマホで対応できることから、LINE公式アカウントとYouTube動画を複合的に活用することは、今後、中小企業の営業戦略や顧客維持戦略の中で、さらに注目されていくことでしょう。

私が専門としているYouTube動画のビジネス活用は次の三つの利用価値があります。

一番目はGoogle検索にスピーディーにかつ強力に反映されるツールだということです。つまり、中小企業のための最も簡単な検索対策「ＳＥＯ」ができる点です

二番目は優れた情報伝達力によるコンテンツの強化ができる点です。

文字だけでは伝えきれない現場の雰囲気や人物のキャラクター像などを映像で伝えることで、仮に一分程度の短い動画であっても、自社サイトに掲載することでそのコンテンツに多くのアクセス者を振り向かせる威力を吹き込むことができます。

結果的に、自社発信のホームページやブログなどのコンバージョン（反応率）を向上させる効果を得ることができます。

三番目は、限定公開動画の活用ができる点です。

YouTube動画には、「一般公開」、「限定公開」、「非公開」という三つの公開モードがあります。投稿者本人しか見ることができない「非公開モード」は別にして、相手に届ける公開モードとしては、「一般公開」と「限定公開」の選択肢があります。

「限定公開」は、そのYouTube動画のＵＲＬを認識している人だけが視聴できる動画のことです。具体的には、会社内で社員が「限定公開」動画を共有することで自社の業務マ

ニュアルや業務連絡などの目的で活用することが可能です。

また、私のようにコンサルティング業やカウンセリング業をしている人であれば、仮にお客様が遠く離れた場所に住んでいても、相談に対する回答をそのお客様だけの「限定公開」動画にまとめ、そのURLを相手に伝えれば、「通信制コンサルティング」が可能になります。

実際に私は、この「限定公開」動画の機能を使って、すでに七年間、日本全国各地の経営者を対象にした動画コンサルティングサービス「YouTube一億円実践コンサルティング」を提供し、好評を得ています。

また、限られたメンバーやグループの中で価値の高い情報を共有する手段としての「限定公開」YouTube動画も有効な使い方です。私も主宰する勉強会のメンバー限定に配信する月例動画セミナーでは、「限定公開」動画を用いて情報配信を行っています。

Google検索対策に用いる「一般公開」動画に加えて、ある特定の顧客やグループに情報を届けることができる「限定公開」動画の特徴を理解して、ビジネスに有効活用すると、サービス提供方法の拡大や業務効率化など様々な効果をあなたのビジネスにもたらすでしょう。

著者のYouTube「限定公開動画」例。
YouTube限定公開動画とLINE公式アカウントの相乗効果は抜群。

こうしたYouTube動画の「限定公開」の具体的な活用方法については、私以外にネット上の情報や書籍でノウハウや情報が公開されていないことから、特に注目していただきたいYouTube動画の利用方法です。

「限定公開」YouTube動画をＬＩＮＥ公式アカウントの一斉配信メッセージ機能を使って登録者に届けることで、他社にはないインパクトのある独自性の高いコミュニケーションをとることが可能になるはずです。

「限定公開」動画も交えたＬＩＮＥ公式アカウントの活用も、次第に日本全国の中小企業の経営者の間で普及していくことでしょう。

拙著「YouTube大富豪７つの教え」、「YouTube革命者異次元の稼ぎ方」でも説明しているように、一分間の動画が持つ情報量は、文字情報と比べて大きなものがあります。「百聞は一見にしかず」とよく言いますが、文字による情報伝達度と映像による情報伝達度とでは、非常に大きな情報量の差があり、ある調査によると、一分間の映像は文字情報に換算すると一八〇万文字分の情報伝達力があるそうです。

これは四〇〇字詰め原稿用紙四五〇〇枚に相当します。それぐらい一分間の動画は、雄弁なのです。

総務省の発表した「平成二三年版情報通信白書」によると、「言葉より絵や映像の方が自分の気持ちをうまく表現できる、といった感覚伝達志向は一〇代、二〇代で他の年代より強い傾向になっている」という調査結果が出ています。

ＬＩＮＥ公式アカウントのビジネス活用の中でも今後ますますこの「映像型表現・伝達志向」は傾向を強めていくことでしょう。

7 ネット社会の中核。SNSのハブ的役割としてのLINE公式アカウント

LINE公式アカウントは、YouTube動画を登録者に伝達するだけのツールではありません。会社、店舗側とお客様が最も強固な信頼関係のもと成り立っている最高の「プッシュ型マーケティング」のツールと言えるでしょう。

マーケティングのツールは、プッシュ型とプル型の二つのタイプに分類できます。

プッシュ型マーケティングのツールとしては、テレビCM広告、郵送のダイレクトメール、自宅または会社に送信されてくるFAX、そしてメールマガジンなどが挙げられます。

もちろんLINE公式アカウントもプッシュ型のツールです。

いずれも発信者である企業が能動的にテレビの視聴者、ターゲットとする客層に向けてダイレクトに自社の情報を届ける伝達手段の類型です。

一方でプル型マーケティングのツールは、自社ホームページやブログ、看板広告などです。

こちらは基本的に「待ちの姿勢」でターゲットがネットの検索エンジンで情報を調査してくるのを待ったり、街中や道路などでターゲットに自社の広告を見つけてもらうのを待つといった「受動的な」情報発信です。

YouTubeやブログがGoogle検索に高く評価されるツールであるのは事実ですが、そもそも顧客ターゲットがパソコンを開いて検索エンジンなどに向き合って初めてその効果を発揮するものなのです。

YouTubeやブログなどプル型マーケティングのツールは、その更新内容や発信内容をターゲットに届けるための通知機能が弱いので、その伝達力という点が課題といえます。

プッシュ型のマーケティングツールとして従来効果を発揮してきたテレビCM広告ですが、若者のテレビ離れ、DVDレコーダーなどのCMスキップ機能、高額の広告費や制作費など、時代の流れに逆行する点が多く、今後、企業にとり有効な広告手段であり続けることは難しいでしょう。

またダイレクトメールやFAXは、その郵送費用や印刷費用などコスト面が最大のネックとなっています。メールマガジンは、前述の通り、その到達率、登録率、精読率の悪さが課題です。

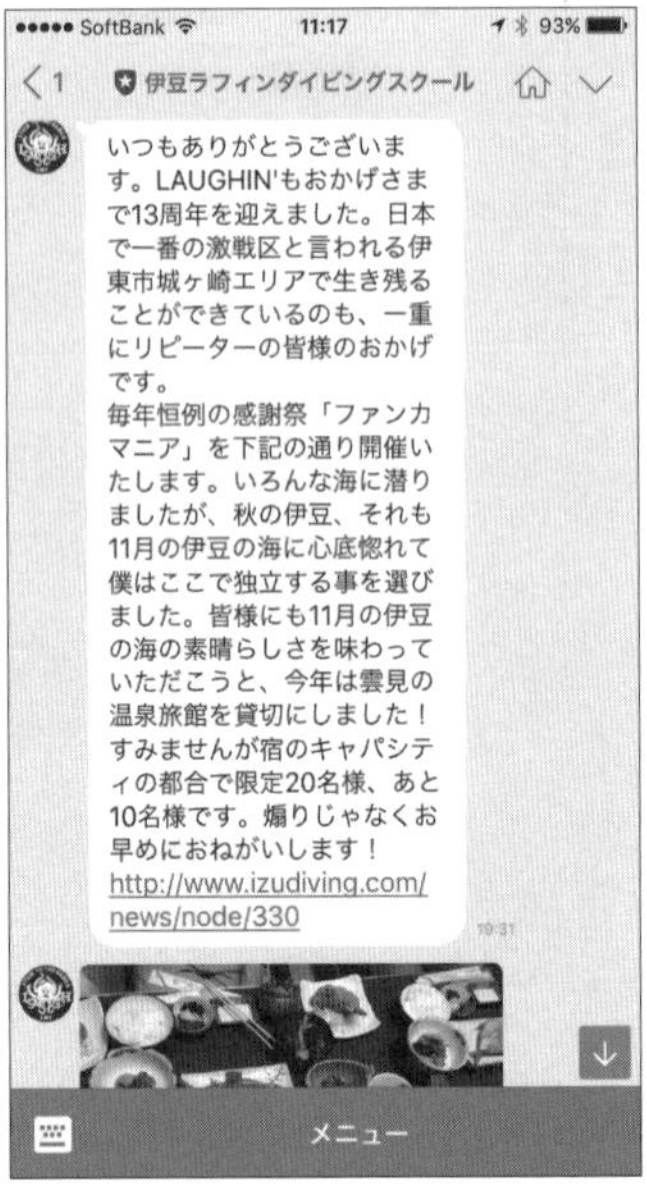

伊豆のダイビングスクール「ラフィン」では、自社サイトの更新情報をLINEで届けている。

そのように考えると、総合的に判断して現在、プッシュ型のツールとして最大の威力を発揮するツールがLINE公式アカウントであるといえます。

ですが、LINE公式アカウントのメッセージ配信にはスペースの制約があり、ブログやホームページのように長文を記載する目的では適切なツールとはいえません。

そこで今後、主流となっていくであろうマーケティングツールの活用法は、プッシュ型で最もコストパフォーマンスに優れ到達率が最も高いLINE公式アカウントを使い、プル型マーケティングのツールの中でも表現力の高い自社サイト、ブログ、YouTubeのコンテンツ内容を届けるという複合的な活用です。

つまり、自社サイトやブログの更新、YouTube動画の新規投稿、Facebookでのイベント告知などを、ネットユーザーのアクセスを待つのではなく、LINE公式アカウントを使って「攻めの姿勢」で登録者に対してダイレクトに伝えるという仕組みです。

そのような運用により、見込み客や既存客に対して自社に関する必要な最新情報を紙面の制約や送信データ容量という壁を乗り越えて、確実に伝えることができるというわけです。

また前節で説明したようにYouTube動画について、その動画のURLを文中に記載することで、より立体的なメッセージを相手に届けることができます。

つまり今後は、

（一）自社サイト、ブログの更新をする。またはYouTubeの新規投稿をする。
（二）LINE公式アカウントで登録者に対して、それらの更新内容を伝える。

という二段階での伝達手法が一般的になっていくことでしょう。

そのような仕組みが予想されるのも、ＬＩＮＥ公式アカウントが他のソーシャルメディアにはない高いコストパフォーマンスと一般社会での普及率、マーケティングのツールとしての優れた特性を兼備しているからなのです。

このようにＬＩＮＥ公式アカウントは、ネット上にあるすべてのソーシャルメディアの中核としてだけではなく、オンラインおよびオフラインを合わせたすべてのマーケティングツールの中核として、今後その存在感を増していくことでしょう。

読者限定・菅谷信一ミニ動画セミナー

・第２章のポイント、内容を菅谷信一が読者限定公開動画で解説。

http://www.arms-project.com/linebiz-goma/02/

スマホから
はこちら

第3章

売上2・5倍、顧客8割が登録・・・6人の「LINE」“神”営業術公開！

本章では、第2章までの定義を実証するために、本書で提言する「ＬＩＮＥ公式アカウント〝神〟営業術」で実際に売り上げを向上したり、集客で来客を増やした〝ＬＩＮＥ公式アカウントの達人たち〟をご紹介していきます。

いずれの事例も小規模事業主であるがゆえに、経営者自身が多忙な業務の中、時間を割いてＬＩＮＥ公式アカウントを運用した結果、得られた成果です。制約がある中で知恵と工夫をもって取り組んだ彼らの実践は、日本全国の中小企業に対して大きな勇気を与える成功事例と言えるでしょう。

治療院、飲食店、バイク販売、運送業、食品販売など事例の業界は多岐に及びますが、あなたの属する業界とは異業種であっても、そのエッセンスを応用することは可能です。むしろ自身の業界に異業種の成功事例を応用することで自身の業界では最先端の活用になる可能性を秘めています。

すべての事例を色眼鏡で見ることなく、自身の業界にどのように応用できそうなのかをイメージしながらご覧ください。

「LINE公式アカウント」成功者一人目

前年比二・五倍の劇的売上アップ! YouTube動画を交えたメッセージ性の強い一斉配信。

マキ鍼灸治療院 代表　吉田真規子さん（東京都三鷹市）

三年間、専門学校に通い鍼灸師など五つの国家資格を取得した吉田さん。その後、二年一〇ヶ月間、荻窪の治療院で修行をしました。

たくさんの患者が来院するその治療院で経験を積む中で、施術が好評だった吉田さんはリピートの患者さんもたくさん得ることができました。

その治療院を辞めてゆっくりしていたときに、吉田さんの両親が倉庫として借りようとしていた物件と出会ったことから、治療院の開業を進めることになります。

自宅近くのその物件を治療院にして、「開業すればひとりやふたりの患者さんは来るだろう。」という気持ちで二〇〇〇年、「マキ鍼灸治療院」を開業。育児にまだまだ忙しかった吉田さんは、マイペースで治療院の経営を始めます。

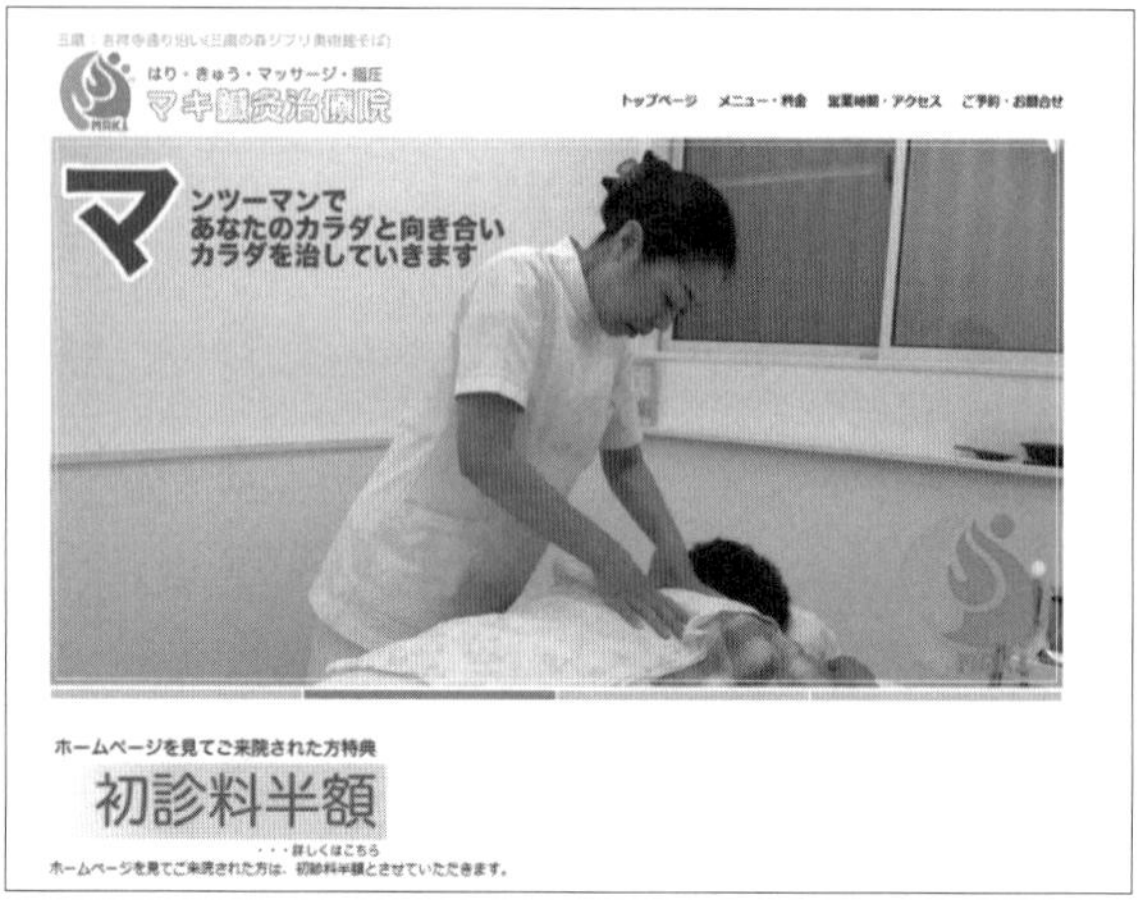

マキ鍼灸治療院　公式ホームページ
http://mitakahari9.com/

チラシをまく余裕もない中、両親の営むクスリ屋で告知してもらったり、通りすがりの人やバスの中から見た人が来院したりと、吉田さんは堅実にお客様を増やしていきました。

吉田さんの腕に惚れ込んだお客様も多く、常連客には開業以来一八年間通い続けている患者さんもいるそうです。

集客としてまずトライしたのはタウン誌。安価な広告でしたが、来院はゼロと効果はありませんでした。

次に一万枚のチラシをまくことにしました。ですが、来院はひとり。またまた残念な結果に終わりました。

そしてネット営業です。今から五年前に、知人に依頼してホームページを制作しました。

すると来院する患者さんの年齢層に大きな

変化が起きました。それまで比較的高齢の女性が多かったのですが、三十代のサラリーマンなど若い患者さんが増え始めたのです。それは経営戦略的に若い新患が欲しい吉田さんの希望に合ったホームページの効果でした。

そして、ネットも含めた総合的な経営の強化を目指して吉田さんは、二〇一七年五月、私の主宰する経営塾「ビジネスタイガー養成講座」に入塾。私とジョイント講師の藤村しゅん先生から先端的なLINE公式アカウントやYouTubeの活用について指導を受けました。

まずは友だち登録の獲得です。

吉田さんは施術後に患者さんに対して個別にQRコードを映したスマートフォンを見せて、「LINE公式アカウントをやっているので、ぜひ登録してください。」と呼びかけていきました。

声をかけた患者さんの登録率はほぼ一〇〇パーセントだそうです。

吉田さんのLINE公式アカウント登録獲得の特徴は、声掛け時に特典をアピールしていないことです。すでに信頼関係が構築されている既存客に対して、自然な声掛けによりLINE公式アカウント登録を促しているのが特徴的です。

〈マキ鍼灸治療院LINEの配信内容例〉

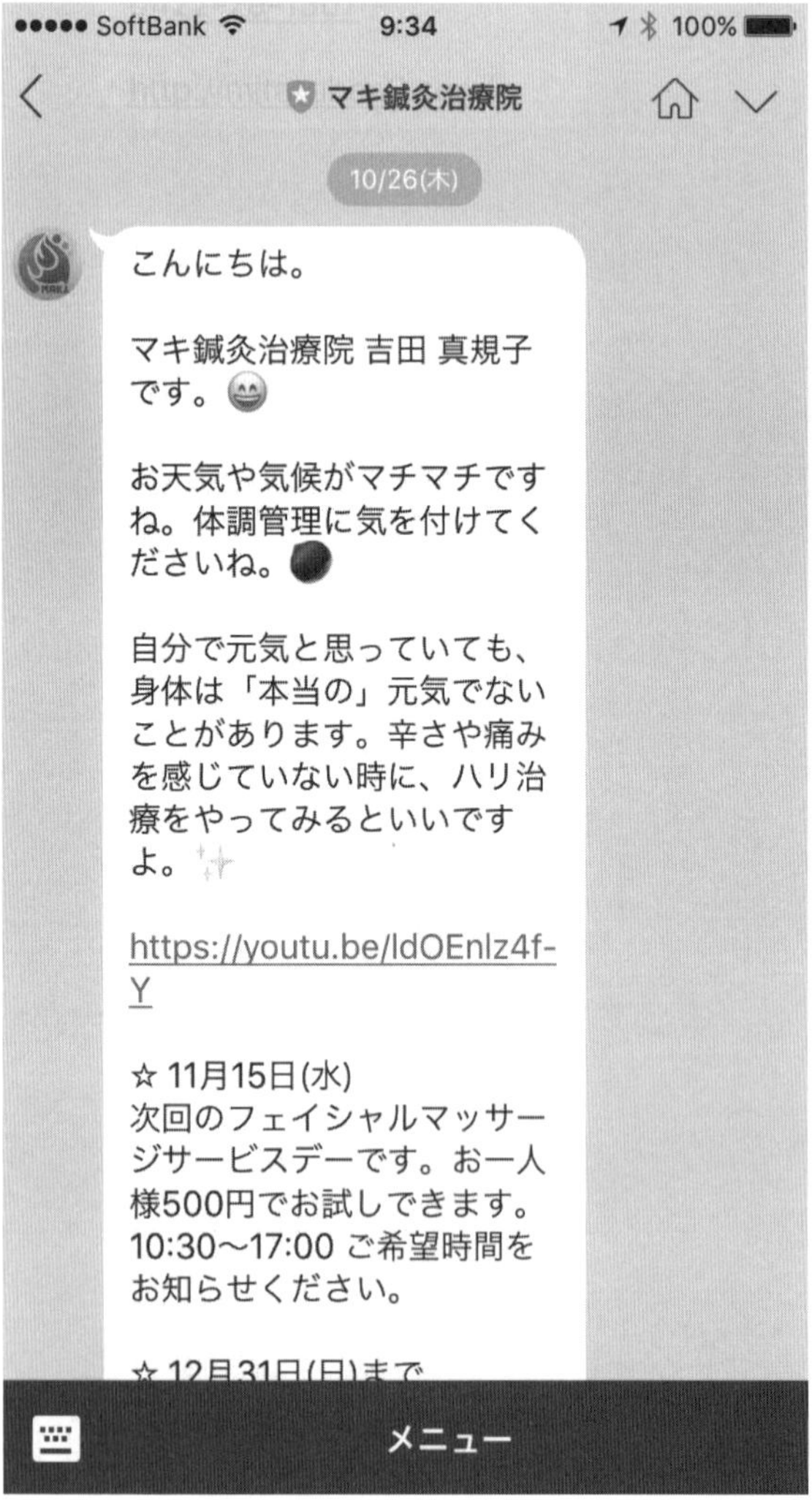
SoftBank
9:34
100%
マキ鍼灸治療院
10/26(木)
こんにちは。
マキ鍼灸治療院 吉田 真規子
です。
お天気や気候がマチマチですね。体調管理に気を付けてくださいね。
自分で元気と思っていても、身体は「本当の」元気でないことがあります。辛さや痛みを感じていない時に、ハリ治療をやってみるといいですよ。
https://youtu.be/ldOEnlz4f-Y
☆ 11月15日(水)
次回のフェイシャルマッサージサービスデーです。お一人様500円でお試しできます。

10:30〜17:00 ご希望時間をお知らせください。

メニュー

■マキ鍼灸治療院　LINE公式アカウント　@ahr3077c

そして、週に一回のペースで配信している一斉配信メッセージが先端的なコンテンツ配信になっています。

吉田さんは、その時節に合った健康に関するテーマを動画に撮影して、YouTubeに投稿。そのURLを織り込み、「読ませる内容」ではなく「見せる内容」で配信しています。

たとえば、二〇一七年九月二日の一斉配信メッセージでは、「疲れを取る夏のお風呂」と題した一分弱の動画を紹介しています。

こうした配信は、単に治療院の宣伝だけではなく、地域に住んでいる方々の健康を願い、自身が研究してきた身体と健康に関する知識を広めていきたいという吉田さんの姿勢が表れた素晴らしい企画といえます。

また、二〇一七年九月一四日の一斉配信メッセージでは、敬老の日の特別企画として、「マッサージ券プレゼント」の紹介を動画で行っています。

こうした動画は吉田さんの人間性、キャラクターを伝える効果もあることから、登録者である患者さんとの心理的な距離を縮めているはずです。

吉田さんはLINE読者限定でのプレゼント企画についても動画でメッセージを届けている。

またフェイシャルマッサージの施術日のお知らせなど、以前は個別に連絡をしたりと苦労が多かった吉田さんですが、今ではＬＩＮＥ公式アカウントで簡単に一斉に告知ができ、事務効率も格段に向上しました。

施術日の告知などを配信すると、すぐに「行きます。」と予約の申込みが届きます。

地域活動にも熱心に参加し、多忙なスケジュールを送る吉田さんは、決してパソコンやネットなどの操作が得意でないそうですが、それでも「ＬＩＮＥ公式アカウントはそんな私でも簡単に操作でき、使いこなしています。」とのことです。

治療院からの告知媒体として、他には有効なツールがなかった吉田さんが手にした画期的なツールがＬＩＮＥ公式アカウントだったということです。

経営戦略面でも私からの助言をもとにコース設定を見直し、結果的に時間的なゆとりが生まれました。そうした時間をYouTube投稿やＬＩＮＥ公式アカウント配信に充てて、更に好循環が生まれた吉田さん。

YouTubeでは、「鍼は痛い」という誤った先入観を払拭するために、患者さんの施術後の声を積極的に集めていきました。戦略的な検索キーワード対策も奏功し、地域の治療院の中ではネット上の露出が短期間に向上しています。

売上も前年と比べて二・五倍に伸びました。また、どん底のときと比べると三・五倍に大躍進しました。注目したいのは、コストゼロでこれらの成果を実現させたということです。

「ＬＩＮＥ公式アカウントに動画を交えると、メッセージの内容もよく読んでもらえる効果もありますし、テキストだけだと登録者が飽きてしまう恐れもあります。私は鍼を多くの方に広める使命を持っていますので、鍼で人生が変わるということを動画も交えたＬＩＮＥ公式アカウントで今後も伝えていきたいですね。」

吉田さんは鍼の伝道師として、業界の中でも抜群の情報発信力を手に入れた今後の展開に目を輝かせています。

「LINE公式アカウント」成功者二人目

導入以来毎月、売上三割アップを達成。八割の顧客を登録させる秘策は個別呼びかけ！

串揚げこてつ 代表　樋口哲也さん（福岡市中央区）

福岡市中央区で創作串揚げ専門店「串揚げこてつ」を営む樋口哲也さんは、大学在学時から飲食店経営を目指し、サラリーマン生活も経験した後、串揚げのお店で三年間修行をしました。

一九九九年、二九歳で地元の福岡で念願の独立開業を果たした樋口さん。理想としていたカウンター式のお店を手にしましたが、当初は七本一八〇〇円などの比較的安価な設定で提供をしていました。まぐろの中トロの串揚げなど新メニューを追加したり試行錯誤の経営を重ねていましたが、明確な打開策はないまま、売上も平凡なまま推移していきました。

一八年間一貫して同じ場所で経営してきましたが、店舗の場所も地下にあり、決して恵まれた立地ではありません。

串揚げこてつ　公式ホームページ
https://www.kotetsu-kushiage.com/

ネット集客は開店当初から取り組み始め、ホームページも早い時期に開設しました。ですが、「良い商品さえ提供していればお客様は来るだろう。」という姿勢での取り組みだったため、掲載内容も不十分なまま、まったく戦略的なコンテンツは掲載されていませんでした。

クーポンサイトへの掲載もしてみましたが、割引などクーポン狙いの質の悪い客ばかりが来店してしまい、樋口さんの狙うような新規客の獲得や顧客リストの獲得は果たすことはできませんでした。

またタウン誌への広告も一〇万円かけて一度挑戦しましたが、来店は一組だけ。

唯一、継続していた戦略は、来店客への手書きはがき作戦でした。旬の食材を自ら手書きでイラストにして固定客に送ると、まずまずの反響が得られました。

そのような状態で打開策を求めていた樋口さんが出会ったのがＬＩＮＥ公式アカウントだったのです。

「このままではいけない。」

と一念発起して、私の主宰する経営塾「ビジネスタイガー養成講座」に参加し、先端的なＬＩＮＥ公式アカウント活用を伝授されました。

二〇一七年六月からＬＩＮＥ公式アカウントの運用を始めた樋口さんは、積極的に来店客に登録を呼びかけます。上品なカウンター席で来店客も年配の方が多いことから、「串揚げ一本無料」ではなく、「特別メニューの金のカニ爪が抽選で当たります。」と個別に呼びかけていきました。

するとその企画に関心を持ったお客様が登録をしてくれるようになりました。樋口さんはお店の個性、雰囲気を崩さない企画をもってＬＩＮＥ公式アカウントお友だち登録を加速させていったのです。声をかけるお客様の八割は登録をしてくれます。

「たとえば生ビール一杯無料になるので登録してください、と呼びかけたら逆に登録は伸びなかったと思うのです。お店の個性に合った特典の提示が重要ですね。」

〈樋口さんのLINE配信内容〉

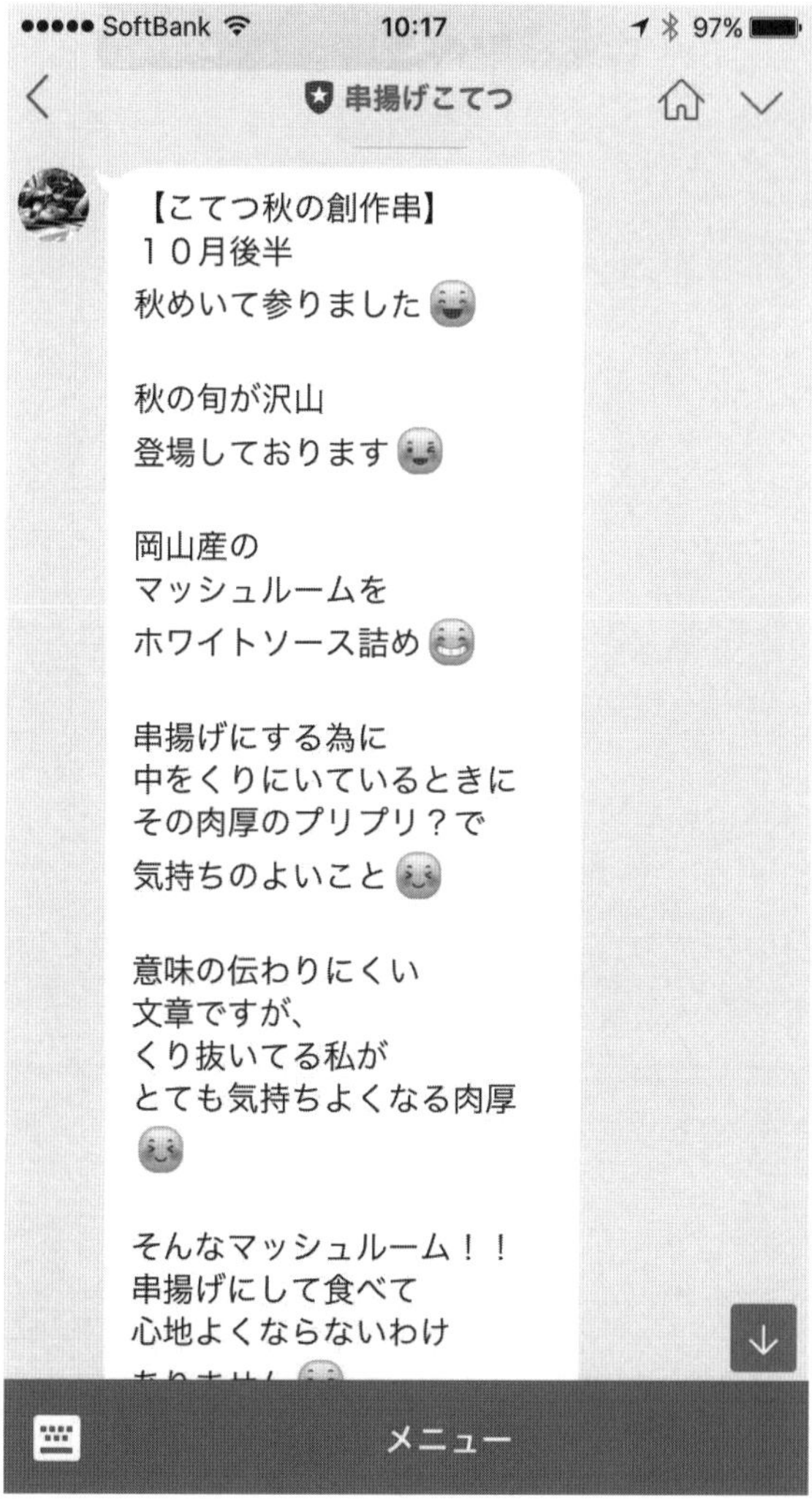

このような積み重ねで、実践二年三ヶ月で友だち登録は八四〇人にまで増加しました。

■串揚げこてつ　LINE公式アカウント　@kotetsu-kushiage

実践開始二ヶ月目には、これまでにはなかったようなまったく新しい反応がＬＩＮＥ公式アカウントを通して得られました。

一組目は、ホームページ経由でＬＩＮＥ公式アカウントに登録頂き「今度、予約をしたいのですが」と個別にメッセージが届いたというケース。

もう一組は、「近くで結婚式をするのですが、バスで帰るお客様のためにお土産用に串揚げを渡したいのですができますか。」という問い合わせ。

電話ではできない気軽なトークの積み重ねで互いの不安感、不信感を払拭していき、最終的には注文の獲得に至りました。

聞きづらいこともＬＩＮＥだと気軽に聞くことができる効果もあり、従来にはなかった新しい予約のスタイルを構築しています。

通常は苦戦すると言われているお盆月の八月もＬＩＮＥ公式アカウントだけで六組の顧客を獲得。客単価が八〇〇〇円を超える樋口さんのお店では、費用対効果が非常に高い

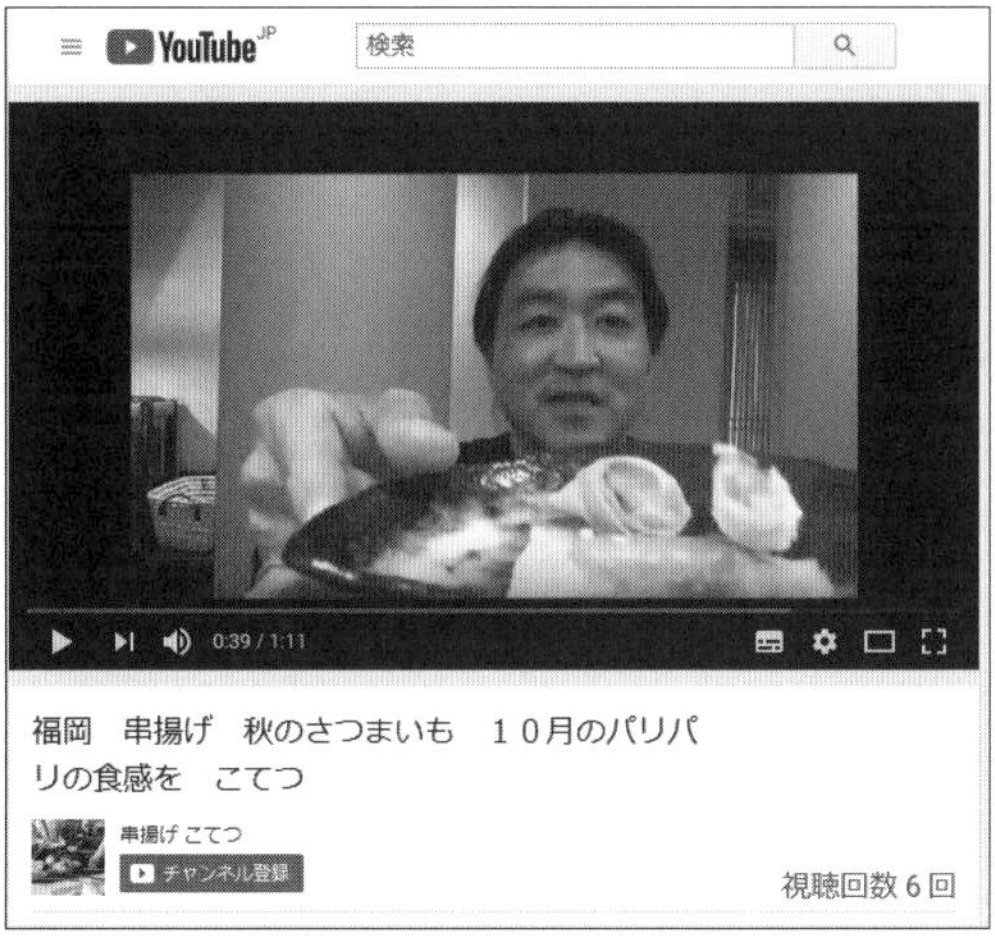

樋口さんはLINEで季節のオススメメニューなどを動画で紹介している。

ＬＩＮＥ公式アカウント活用の成果と言えます。

　ＬＩＮＥ公式アカウントを導入してから、安定して毎月前年比三〇パーセントアップを継続しています。

「ＬＩＮＥ公式アカウントは、お客様に一番伝達できるツールだと思います。こちらのペースで運用できることも便利ですし、実践を習慣化すると成果が出ることも実感しています。

　周囲の飲食店を見ると、まだ昔のＬＩＮＥのイメージで止まっている方が多いと思うのです。以前はクーポン荒らしなどもあったと思いますが、ＬＩＮＥ公式アカウントの活用法が成熟してくると、これを活用しない手はありません。始めるなら今が一番だと思います。」

今後、ＬＩＮＥ公式アカウントを始めようとしている経営者に熱いエールを送る樋口さんは、YouTube投稿の熱心な実践者でもあります。YouTubeからＬＩＮＥ公式アカウントへの誘導もさらに強化し、有効なお友達を増やしていく作戦です。

また、従来、樋口さんがコツコツと継続して取り組んでいた手書きハガキもＬＩＮＥ公式アカウントと連動させてさらなる加速を狙っているそうです。

「ＬＩＮＥ公式アカウント」成功者三人目

患者さんに有益な情報を提供して喜ばれる。ＬＩＮＥは強力なコミュニケーションツール。

目白接骨院　院長　岡野達徳さん（東京都豊島区）

東京都豊島区目白に一九四八年に開業し、七〇年以上にわたり地域の人に愛されてきた目白接骨院。祖父の代から数えて三代目の院長を務めるのは岡野さんです。柔道整復師免許を取って二五年、これまで一二万人以上を施術してきました。

目白接骨院では、骨折・脱臼・捻挫・打撲・肉離れなど、日常生活でのケガや痛めた個

目白接骨院公式ホームページ
https://mejirock.com/

所の保険治療のほか、整体・仙骨調整、筋膜ほぐし、小顔矯正などの自由診療を提供しています。

「患者さんとの波動共鳴により、症状がよくなって喜ばれて、笑顔が見られる。これが仕事をしていて何よりも楽しい瞬間です」と岡野さん。

施術だけでなくマーケティングにも力を入れ、手書きの絵葉書、ニューズレター、グーグルマップの活用（目白地域で口コミナンバーワン）、「土台から整える小顔矯正」のランディングページ作成など、さまざまな施策を行っています。ＬＩＮＥ公式アカウントもその一つです。

かつて岡野さんは、患者数の減少に悩んで

いました。保険診療の煩雑化や逓減など、医療機関をめぐる経営環境も厳しくなる一方です。そこで何とかして患者を増やそうと、ネットを利用した情報発信を開始しました。

とはいえ、試しに自分でホームページを作ってみただけで、何の効果も得られず。そんな状況を打破するために、二〇一八年二月、私のLINEプレセミナーを受講しにきました。

「セミナーでは菅谷さんに、『ネットに情報が出てこないのは、実店舗が存在しないのと同じ』と言われ、まさにその通りだとハッとしました。その五月からビジネスタイガーに参加し、本格的にLINE公式アカウントに取り組み始めました」

LINE公式アカウントを開始してからは、まず友だち登録数を増やすことに取り組みました。

ホームページでの案内、院内へのPOP掲示はもちろん、施術後の患者には「週一回健康情報を配信しています。予約も取れますよ」とLINE公式アカウントへの登録をおすすめしています。受診後に送るサンキュー絵葉書にもQRコードを載せました。

また、登録してくれた人のための特典として「登録者限定三大特典動画無料プレゼント」も用意しました。

「まずは登録していただくことが大事。そして登録していただいた方には有益な情報を届けて、予約も気軽に取れることを知っていただくことで、濃いつながりを持つことを目指

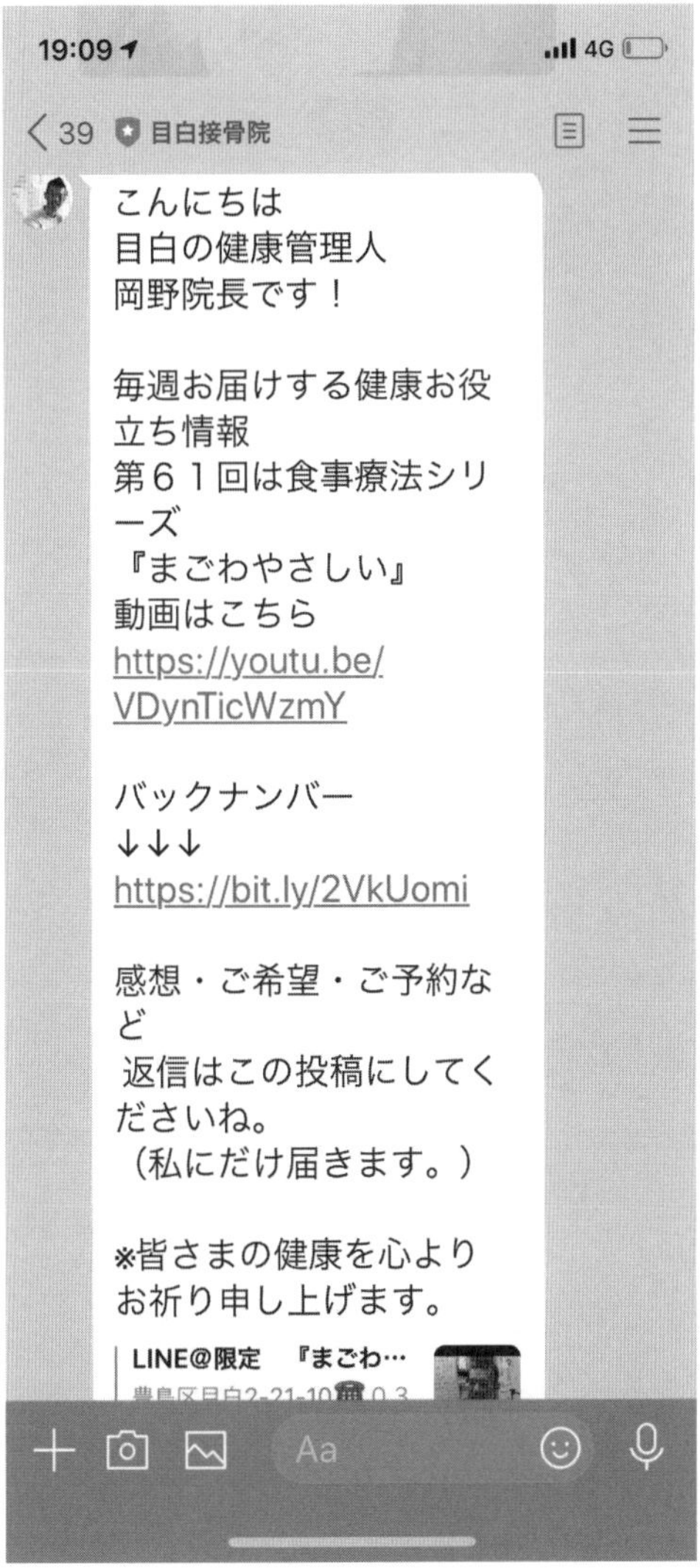
19:09
4G
39
目白接骨院
こんにちは
目白の健康管理人
岡野院長です！
毎週お届けする健康お役立ち情報
第６１回は食事療法シリーズ
『まごわやさしい』
動画はこちら
https://youtu.be/VDynTicWzmY
バックナンバー
↓↓↓
https://bit.ly/2VkUomi
感想・ご希望・ご予約など
返信はこの投稿にしてくださいね。
（私にだけ届きます。）
※皆さまの健康を心よりお祈り申し上げます。
LINE@限定　『まごわ…
Aa

しました」と語ります。

このような努力の結果、開設から約一年半後の二〇一九年九月末現在までに、友だち登録数は一四八人（ブロック二二）に増えました。

■目白接骨院　LINE公式アカウント　@40xty1668k

目白接骨院のＬＩＮＥ公式アカウントでは、週一回、健康お役立ち情報を一斉配信しています。また、ＬＩＮＥでの予約受付も行っています。

「情報を配信する際に心がけていることは、ペルソナを意識して、そのペルソナに対して役に立つ情報を配信することです。そして、楽しんで行うことも大切だと思います。『待っている人がいる』と思いながらやれば、配信内容を考えるのも楽しくなります。間違いのない情報を配信するために、自分でも再度勉強をするようになったのは、思いがけない効果ですね」

そのような一斉配信に対して、登録者から多くのレスポンスが来るわけではありません。しかし、時には「動画いつもありがとう！」「ためになります」「コスプレ笑っちゃいました」などと温かいメッセージが送られてくることもあり、励みになっているそうです。予

岡野院長は動画を用いた健康や体力づくりについての情報を配信している

約の依頼はＬＩＮＥで送られてくることが増えてきました。

「ＬＩＮＥ公式アカウントを始めたことで、患者さんとの距離が縮まったと実感しています。新規の患者様もＬＩＮＥで気軽に相談してくださって、予約を入れてくださいます。ＬＩＮＥはネットとアナログの利点が融合した、患者様との強力なコミュニケーションツールだと思います」

岡野さんは今後も、週一回の情報配信を欠かさず行っていく方針です。また、ＬＩＮＥ公式アカウントをオンラインサロンなど他の施策にも活用できないか、模索しているところです。

「ＬＩＮＥ公式アカウントはリスクゼロで始められますから、やらないリスクの方が大きいです。中小企業は今すぐやるべきです。私はこれからもＬＩＮＥを活用しながら、目白地域や自分の周りの人々が健康で長生きできるようにサポートしていきたいです」

「ＬＩＮＥ公式アカウント」成功者四人目

人手不足解消のためにＬＩＮＥ公式アカウントを活用。週一回の一斉配信で応募者が大幅に増加。

株式会社アート・プラ　代表取締役　横田浩崇さん（東京都江戸川区）

株式会社アート・プラは社名の通り、もともとはプラスチック（アクリル）加工やＤＶＤ制作が本業でした。しかし、需要の先細りに危機感を覚え、二〇一二年、軽貨物運送を中心とする物流サービス業に業態を転換しました。

現在では、物流サービスに加え、零細企業向けゼロ円採用支援、ＣＤ・ＤＶＤ制作、福利厚生事業など、多方面で事業を展開しています。

他社との差別化を図るうえで重視しているのは、何と言っても人材教育だと社長の横田さんは言います。

（株）アート・プラ公式ホームページ
http://www.art-pla.co.jp/

「『一般常識が通じる』『挨拶ができる』など、当たり前のことを当たり前にできるドライバーがそろっていることが当社の強み。そのために社員教育を徹底しています」

そんな自慢の教育も、肝心の人材がいなければ成り立ちません。物流業界の人手不足はメディアでもたびたび報道されるほど深刻化していますが、アート・プラでも同様の問題を抱えていました。コストをかけて求人媒体に広告を出稿しても、何の反響も無いということが続いていたのです。

そこで横田さんは、打開策としてYouTubeのチャンネルを開設。求職者向けの情報提供の一環として、物流業界のトピックや気になるニュースの解説、業務内容の紹介などを短時間の動画にして、数多くアップしていったのです。

このYouTube作戦は効果があり、何もしていなかった時と比べれば、採用の問い合わせの数が大幅に増えました。しかし、その割りには最終的な採用に至る確率は上がらず、人手不足は相変わらず続いていました。

横田さんがＬＩＮＥ公式アカウントを開始したのは二〇一八年一月のこと。「YouTubeの弱いところを補えるかもしれない」と考えたのがきっかけです。

YouTubeの動画の説明欄にＬＩＮＥ公式アカウントのリンクを貼ったり、動画のなかでＱＲコードやＩＤを案内したりして、まずは友だち登録してもらうことを促しました。事務所にもＱＲコードを印刷して大きく配置しています。

この作戦によって徐々に友だち登録数は増加。それに伴い、応募者数・採用数も増えていきました。

「ＬＩＮＥ公式アカウントを始めてから、応募者が爆発的に増えました。毎日何かしらの問い合わせが来て、少なくとも週に一名は面接して、月に一名は採用できるようになりました。今では応募者が多いので選り好みができるほどの状態です」

二〇一九年十月現在までに、友だち登録数は一七七（ブロック数七三）に。ブロック数

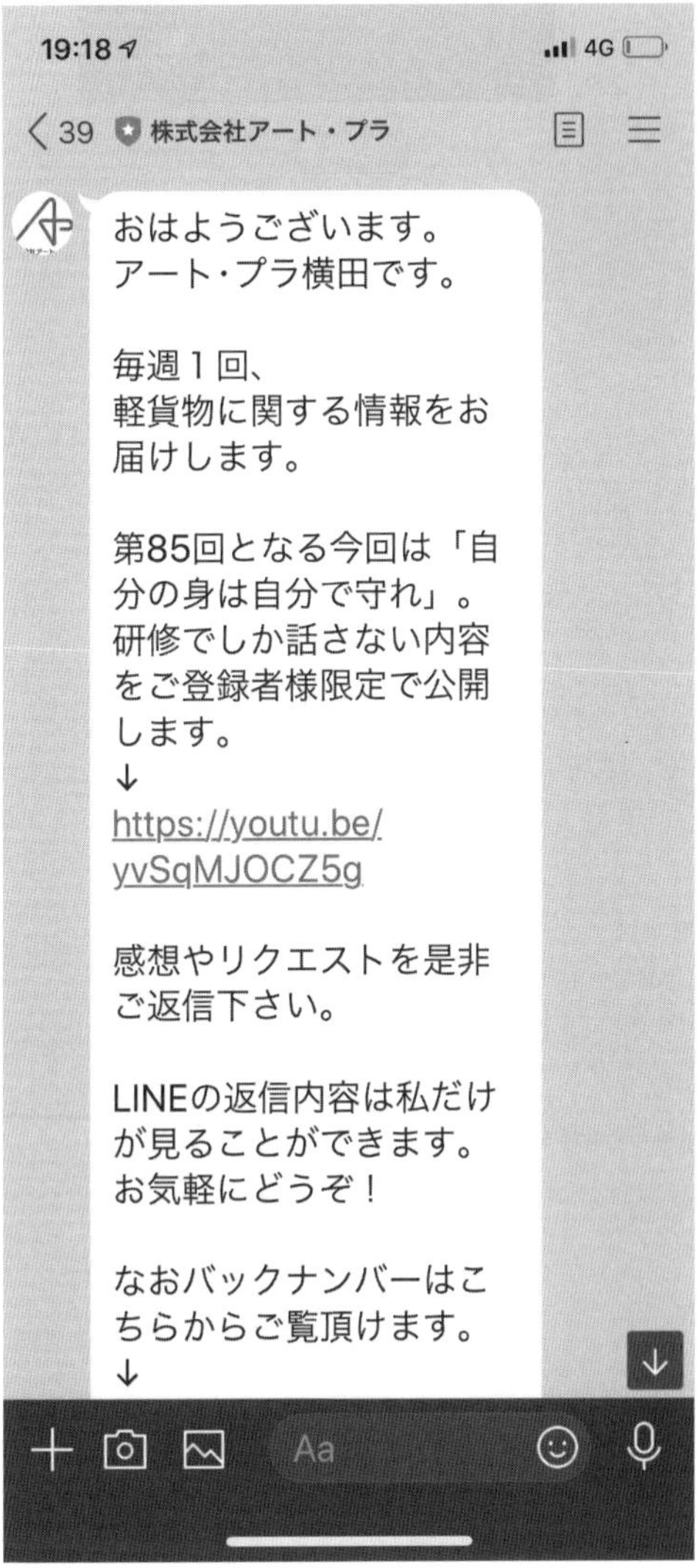
19:18
4G
39 株式会社アート・プラ
おはようございます。
アート・プラ横田です。
毎週1回、
軽貨物に関する情報をお届けします。
第85回となる今回は「自分の身は自分で守れ」。
研修でしか話さない内容をご登録者様限定で公開します。
↓
https://youtu.be/yvSqMJOCZ5g
感想やリクエストを是非ご返信下さい。
LINEの返信内容は私だけが見ることができます。
お気軽にどうぞ！
なおバックナンバーはこちらからご覧頂けます。
↓
Aa

が多いのは、採用した社員を社内グループＬＩＮＥに登録させると、ＬＩＮＥ公式アカウントから自動的にブロックされてしまうためです。採用した社員を差し引いた実質的なブロック数は約二〇とのことです。

■（株）アート・プラ　ＬＩＮＥ公式アカウント　@abg9714a

ＬＩＮＥ公式アカウントを使って採用活動で劇的な効果を上げている横田さん。いったいどんな取り組みをしているのでしょうか。

「一斉配信では、採用後に行う研修の内容を少しずつ説明しています。また、安全運転に関する内容、業界の最新情報、そのほか特別企画を実施することもあります。配信ペースは週一回。配信はあくまでも求職者との信頼構築のためにやっていることと考え、『ぜひ応募してください！』などと強く売り込まないようにしています」

こうした配信に対して、登録してくれた方からの反応は上々です。「楽しみにしています」と言われたり、五週ある月に配信を一週休んだ時には、残念がるメッセージをもらったりもします。

「特に業界情報の配信は喜ばれます。業界内にいる人だからこそ語れる、正しい生きた情

横田社長は運送業を志す方に対して、その心がけを動画で解説している。

報を欲している方が多いのだと思います」

　会社側から一方的に情報を配信するだけでなく、登録者からの問い合わせのやり取りもＬＩＮＥ上で行っています。軽い質問はもちろん、いきなり「面接してください」と採用に直結するような問い合わせもあるそうです。

　横田さんはそういった問い合わせにも一人ひとり丁寧に対応することで、大きな成果に結びつけています。なおＬＩＮＥ公式アカウントの運用は、横田さん一人で行ってます。

　横田さんは今後、物流サービス業以外の事業でも公式アカウントを解説し、採用や営業活動に利用したいと考えています。

「これほど多くの機能を無料もしくは低額で使えるなんて、ＬＩＮＥ公式アカウントは零細企業のためのツールと言っても過言ではありません。中小零細企業の経営者で、夢や目標がある方、不安や不満がある方は、とりあえずやってみることをオススメします！」

運送業界をめぐる状況は日々変化していきますが、経営の基本が人材にあるということは今後も変わりません。ＬＩＮＥ公式アカウントという人材獲得の武器を手に入れたアート・プラは今後も、環境変化の波に負けない、柔軟な組織体制の構築に突き進んでいくことでしょう。

「ＬＩＮＥ公式アカウント」成功者五人目

店頭呼びかけで濃い六〇〇名の友だち登録を短期間に獲得。特典を盛り込んだ一斉配信メッセージの反響も上々

やきとりの三冠王 代表　花井巌さん（静岡県富士市）

静岡県富士市で焼き鳥販売「三冠王」を経営している花井巌さんは、平成二〇年一二月に創業して以来、九年を迎える地元の人気店です。

前職時代の上司が脱サラして焼き鳥店を経営しているのを見て、ちょうどサラリーマン

やきとりの三冠王　公式ホームページ
http://iwakushi.atukan.com/

を辞めて何かに挑戦したかった花井さんは、五五歳のときに脱サラをしてその上司のもとに二週間弟子入りします。

最初は静岡県富士市大渕で創業しましたが、五年前に現在地に移転して今日に至ります。

メニューは、ボンジリ、鶏皮、レバー、ムネネギ、しそ巻など十三種類。味付けも塩とたれ以外にタンドリーチキンソース、イタリアンソースもあり、バラエティーに富んだユニークなアイテムが売りのお店です。

創業の地、大渕時代には立地の良さもあり、自然と集客ができていました。ですが、現在地に移転してからは、車が店舗敷地に入りづらいなど立地面でハンデが有り、売り上げが右肩下がりで落ちていく一方。花井さんは悩んでいました。

チラシ配布を実施した以外には、ネット戦略としてブログを九年間運営、またホームページは六年間運営してきました。ホームページは、お客様の中にネットに強い方がいて、その方がボランティアで制作を引き受けてくれました。

また、メール配信のシステムを導入しましたが、毎月一万円と高いコストの割に思ったような成果が出ないままでした。五年契約のシステムという点も花井さんの首を締めてしまいました。五年間で登録者は一〇〇名程度。お客様のメールアドレスを花井さん自身が登録するといった苦労もあったそうです。

二〇一七年六月から手探りでＬＩＮＥ公式アカウントを始めた花井さん。そのためにその前月からＬＩＮＥを始めました。

まず友だち獲得です。花井さんは、店舗に来店する主婦などに個別に声かけをして、コツコツと登録者を集めていきました。現在のところ、登録者には焼き鳥一本無料券を登録特典として用意しています。

このような特典以外にも、個別に直接呼びかける安心感、花井さんとお客様の距離感から登録者もスムーズに集めることができました。また商品パッケージにもＬＩＮＥ公式アカウントのことをアピールした用紙を同封していることも花井さんが実践している工夫です。

現在では友だち登録も六〇〇名を超えました。個人の飲食店としては立派な数字です。

「最初はＬＩＮＥ自体も面倒だと思ってやっていなかったんですよ。ところがＬＩＮＥをやりはじめたら面白くなってしまって。始めて良かったです。」

■やきとりの三冠王　ＬＩＮＥ公式アカウント　@dkv0774y

また、一週間に一度のペースで一斉配信メッセージを送信しています。

たとえば、焼き鳥盛り合わせの商品が定価二二〇〇円のところをＬＩＮＥ公式アカウント友だち限定で特別価格で提供するとすぐに反応があるそうです。

こうした配信は安定して登録者の五パーセントの来店が見込めるとのことで、たとえば天気が悪く集客が落ち込みそうな日の対策として有効になります。

また、多くのお客様に焼き鳥店を楽しんでもらおうと、豊富なイベント企画を実施している花井さんは、たとえば「夏のおっちゃんクイズ」と題したイベントを行い、焼き鳥二〇本券が当たるクイズを実施し好評を博しています。

そうしたイベントの告知などにもＬＩＮＥ公式アカウントは大活躍しています。

〈花井さんのLINE配信内容〉

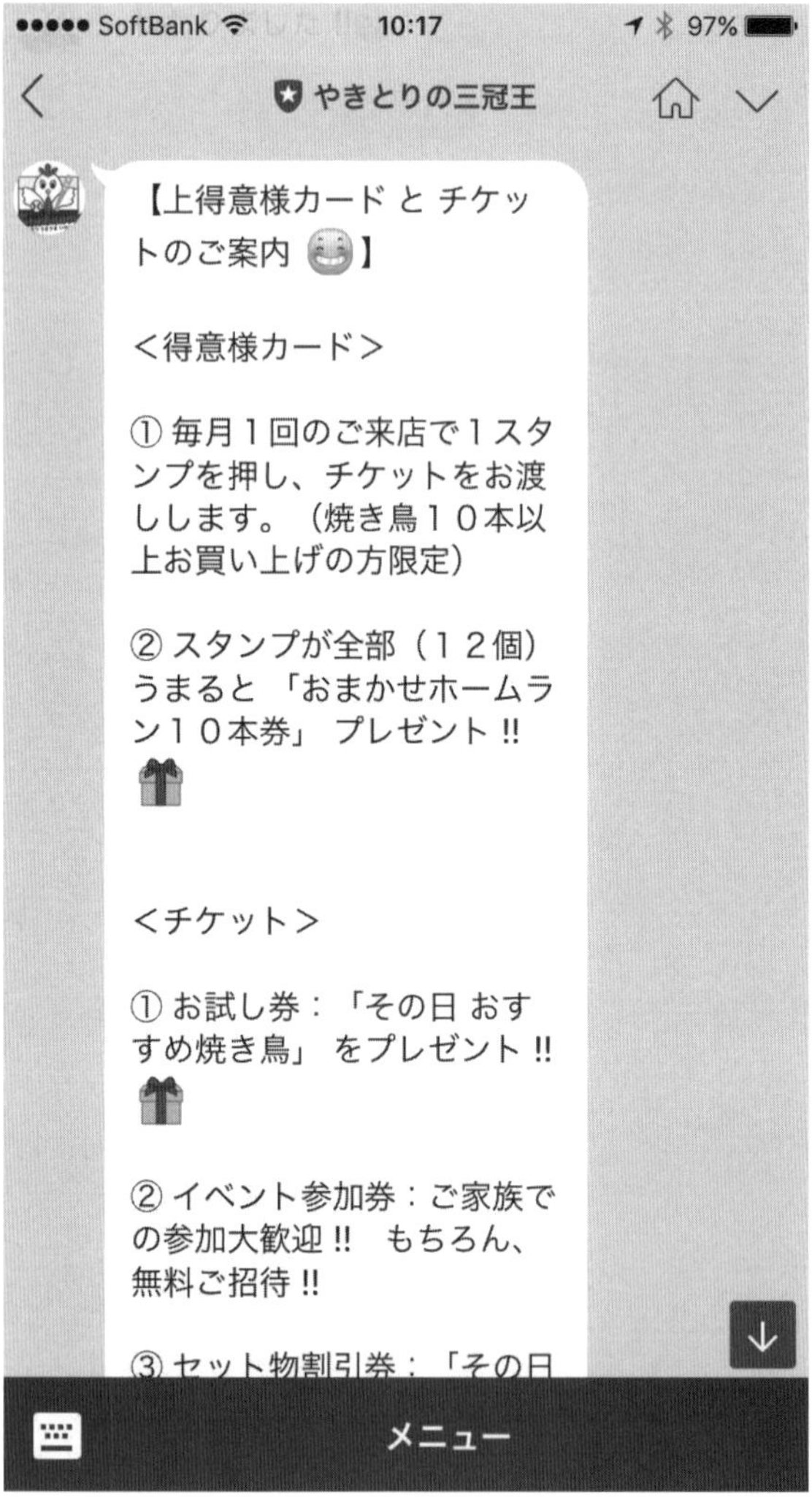

花井さんは近況報告や店舗で展開している企画を動画で紹介している。

「先日、『この前、食べたら美味しかったです。また行きます。』とメッセージを頂きましたが、とても嬉しかったですね。こちらからも個別に御礼や再来店をお待ちしている旨を伝えられます。これまでそのようにお客様個別にコミュニケーションを取る方法がなかったので、私のような個人店ではとても便利ですね。」

そのように花井さんは嬉しそうに語ります。

また花井さんは地元企業の顧客サービスを目的としたイベントに出張屋台としてお呼びがかかることも多く、このような出張形態のサービスを今後、更に強化していく考えです。もちろん、そのような場面でもＬＩＮＥ公式アカウントは効果的に活用できそうです。

「ＬＩＮＥ公式アカウントはいいですよ。以前はチラシをまいても全く反応がない時もありましたので、これまで試した他のツールと比べてＬＩＮＥ公式アカウントは運用も簡単で、理想的です。」

最高のパフォーマンスを発揮してくれるツールを手にした花井さんは、これからも地元のお客様に愛される店舗を目指して、焼き鳥の素材と味を追求するとともに、お客様との密なコミュニケーションによりきめ細かなニーズに応えていこうと考えています。

「LINE公式アカウント」成功者六人目

スマホでもできる一対一のコミュニケーションが業務効率化や顧客関係強化に貢献。

株式会社CARRY（SUZUKI MOTORS）代表取締役社長　鈴木貴大さん（山形県酒田市）

鈴木貴大さんは個人で始めた輸出ビジネスが軌道に乗り、二〇一六年に株式会社CARRYを設立。その後二〇一八年に、実家が営んでいたバイク販売店や保険事務所を事業買収し、現在はバイク店「SUZUKI MOTORS」と生・損保取扱店「CARRY保険事務所」、デザイ

SUZUKI MOTORS　ホームページ
http://suzuki-ms.com/

ン事業「carry design」の三つの事業を運営しています。

鈴木さんは会社設立当初から、YouTubeやブログ、SNSを活用したマーケティングやブランディングなどのネット戦略に力を入れてきたと言います。

「YouTubeやSNSを始めた当初は見向きもされませんでした。しかし、ずっと続けていくうちに少しずつ反応が出てきて、その後はどんどん契約に結びつくようになっていきました。と同時に、その状態を継続させることは難しいと感じてきました」

インターネットを駆使して売れ続ける状態を継続させるにはどうすればいいのか。そんな方法を模索している時、鈴木さんは酒田市で開かれた私の講演に参加します。そして、私の著書やメルマガ、Facebookを読んでくれるようになり、私がおすすめしていたＬＩＮＥ公式アカウントもスタートしました。二〇一七年のことになります。

まずは友だち登録を増やすために、YouTubeで配信していた車両紹介動画の説明欄や、車両物件掲載サイトなどにＬＩＮＥ ＩＤを掲載しました。

また、ＱＲコードを記載したオシャレなＰＯＰを女性スタッフに作ってもらい、来店されたお客様へ都度声がけして登録を促しています。

この結果、友だち数は増加し、ＬＩＮＥからの問い合わせも増えていきました。二〇一九年十月時点の友だち登録者数は三三六人（ブロック数〇人）となっています。

ＬＩＮＥ公式アカウントでの一斉配信は週に一度のペースで、新規入荷車両、イベント、フェアの案内を提供しています。運用するのは鈴木さんではなく、ＳＮＳ担当の女性営業スタッフです。

バイクという商品の特性上、男性客が多いので、ＬＩＮＥは女性が担当した方がウケがいいとの判断です。スタッフには、女性らしく可愛く、それでいて的確に情報を伝えるように心がけて運用してもらっているとのこと。

配信内容を見たお客様からは問い合わせが入ったり、それが商談につながったりすることもあります。下取りや買い取りの依頼もLINEで直接送られてきます。また、イベント参加への申し込みもLINE経由で来るようになりました。

鈴木さんがLINE公式アカウントを始めて一番良かったと感じることは、このような、お客様との連絡が効率的かつ手軽にできるようになったことです。

SUZUKI MOTORSはネット戦略で全国へ高額な車両を販売しており、非常に多くの顧客との取引があります。そのため、スタッフとお客様の間で、見積もりの送付や、送付後の確認、お客様からの追加カスタムの依頼、下取り車両の査定など、多くのやり取りが発生します。

従来はこれを電話やメールを使って行っていましたが、不在時の電話のかけ直しやメール確認の遅れなどにより、業務が停滞することもありました。しかしLINEを使い始めてからは、お客様とのやり取りが楽に、効率よく行えるようになったそうです。

「たとえば車両の下取りでは、写真や動画を送ってもらうことで、わざわざ山形県の当店まで来店いただかなくても査定が可能になりました。YouTubeでのブランディングにより、SUZUKI MOTORSで買いたい・売りたいというお声を全国からたくさんいただいていますが、それを実際の取引に結びつけるためにLINEはとても便利です」

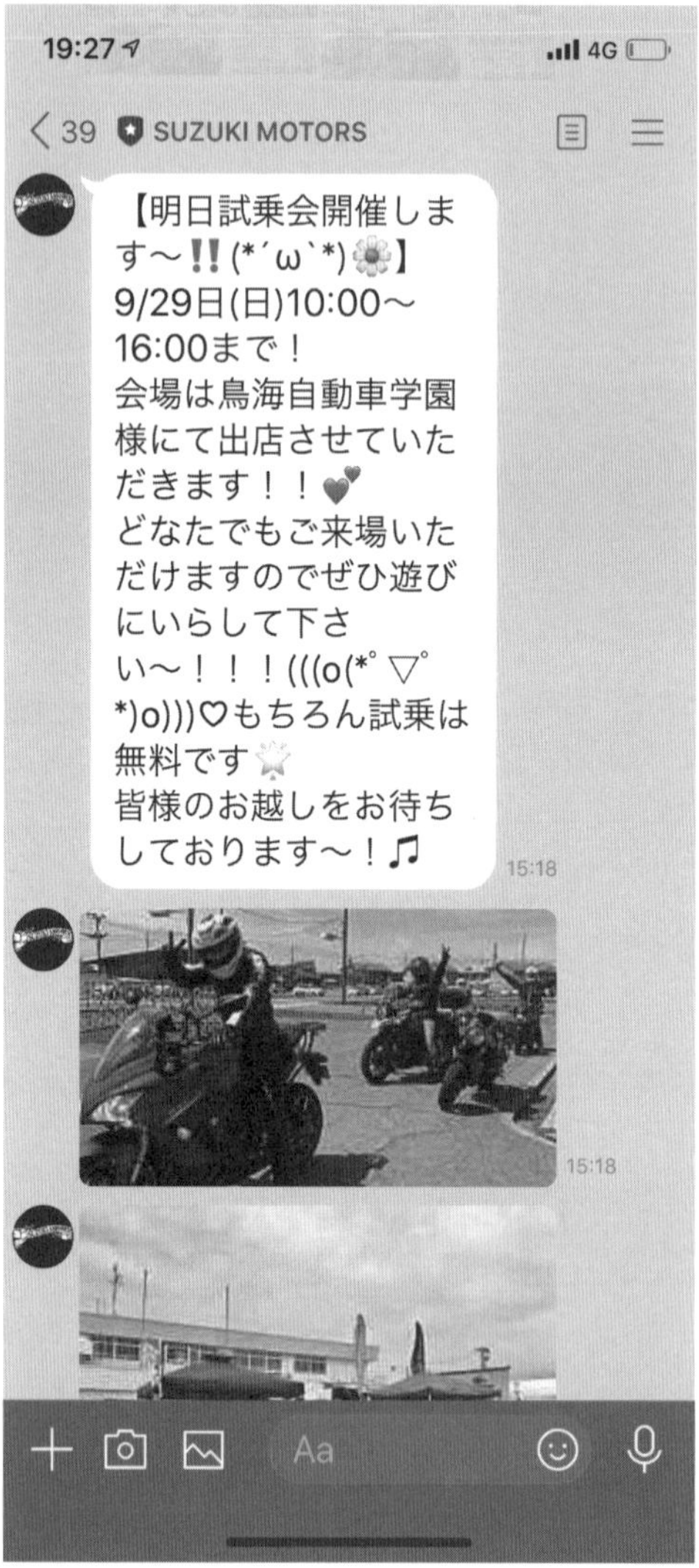
19:27
4G
39
SUZUKI MOTORS
【明日試乗会開催します〜‼(*´ω`*)🌼】
9/29日(日)10:00〜16:00まで！
会場は鳥海自動車学園様にて出店させていただきます！！💕
どなたでもご来場いただけますのでぜひ遊びにいらして下さい〜！！！(((o(*ﾟ▽ﾟ*)o)))♡もちろん試乗は無料です
皆様のお越しをお待ちしております〜！♫
15:18
15:18
Aa

契約後のマシンを納車整備している過程で、お客様にＬＩＮＥで画像を送るといった工夫もしています。お待たせしているお客様に対するちょっとした気配りとして、大変喜ばれているそうです。

■SUZUKI MOTORS　LINE公式アカウント　@cgt60951

「ＬＩＮＥはお客様にとっても気軽に連絡できる手段といえます。ＬＩＮＥ経由でカスタムの相談などをいただくことが増えました。各営業スタッフのスマホにもＬＩＮＥ公式アカウントをインストールしているので、返信メッセージや写真の送信は迅速に行えます。スタッフがパソコンの前まできてメールを確認するという手間がなくなりました。当店にとってＬＩＮＥは、もはやなくてはならないツールです」

これからＬＩＮＥの利用を検討している人に対して、鈴木さんはこんなアドバイスを送ります。

「まず始めてみるといいと思います。そして情報を一方的に送るのではなく、お客様との一対一のコミュニケーションに活用するといいのではないでしょうか。自身の事業に合うやり方を見つけてください」

鈴木社長は業界随一のYoutube動画でバイクライフの楽しさを訴えている。

最高に幸せな組織を実現することが鈴木さんの夢。ＬＩＮＥの活用が夢の実現を後押ししているようです。

読者限定・菅谷信一ミニ動画セミナー

・第３章のポイント、内容を菅谷信一が読者限定公開動画で解説。

http://www.arms-project.com/linebiz-goma/03/

スマホから
はこちら

第4章

「売上」「動員」「登録数」へのアプローチ4500倍!! 超戦略型「LINE公式アカウント」〝神〟営業への九ステップ。

威力を四五〇〇倍加速させる超戦略型LINE公式アカウント活用の九ステップ

第二章でも触れたように、動画の持つ威力は文字情報と比べて非常に大きなものがあります。一分間の動画が持つ情報量は、文字情報に換算して一八〇万文字分に相当し、四〇〇字詰原稿用紙に換算して四五〇〇枚分になるのです。一分間で読める分量の文字情報と、一分間の動画の情報伝達量は、同じ一分でも四五〇〇倍も差があるということです。

このように威力抜群の動画をＬＩＮＥ公式アカウントのビジネス活用の随所に活用していくべきであるというのが私の考えです。

ＬＩＮＥ公式アカウント活用の中で動画を活用して威力を四五〇〇倍に高めることができる場面は、具体的に次の三つの場面があります。

■威力四五〇〇倍・超戦略型ＬＩＮＥ公式アカウント活用の三場面

（一）お友達登録を促進する場面
（二）お友達登録者に自動応答メッセージで特典を送信する場面
（三）一斉配信メッセージを送信する場面

これらの三場面のすべてを文字情報や写真、画像などによって行うのと比べて、動画を効果的に交えた活用をすることで、相手への伝達力を四五〇〇倍にも高め、最大の効果を得ることができるのです。

私が経営コンサルティングをする中小企業に対しては、すべてこの「超戦略型ＬＩＮＥ公式アカウント活用」を徹底して指導しています。

この章では、初めてＬＩＮＥ公式アカウントに挑戦する方が具体的にどのようなステップで威力抜群の動画活用型の「超戦略型ＬＩＮＥ公式アカウント活用」を実践していくべきなのかを詳しく解説していきます。

具体的な手順は次の九ステップになります。

■動画活用・超戦略型LINE公式アカウント九つの実践ステップ

（一）自社のコンセプトの策定

（二）友達登録を促進するための特典企画の策定

（三）自社サイト、運営メディアに掲載するLINE公式アカウント登録促進用の動画の撮影

（四）自社サイト、運営メディアにおけるLINE公式アカウント登録促進用のページの設置

（五）お友達登録時の追加時あいさつメッセージに掲載する動画の登録御礼動画の撮影とアップロード

（六）お友達登録者へ追加時あいさつメッセージで届ける特典動画の撮影とアップロード

（七）一斉配信メッセージでの全体企画と配信動画の企画

（八）一斉配信メッセージの動画の撮影とアップロード

（九）一斉配信メッセージの配信設定

これからLINE公式アカウントの戦略的な活用を行おうとする方が、ライバルよりも一段も二段も上のレベルでの効果を狙うのでしたら、この九つの具体的なステップを踏んで、その仕組みを構築していってください。

第1ステップ 自社のコンセプトの策定

最初に、第一ステップの「自社のコンセプトの策定」です。

物があふれ、サービス提供者も多い「モノ余り」の現代、ライバル会社とどのような差別点があるのかや、ライバル会社と比べて独自のメリットをお客様に提供できるのかをLINE公式アカウントの仕組み構築の着手前に冷静に分析し、それを明文化する必要があります。

ＬＩＮＥ公式アカウントは威力抜群とはいえ戦術（ツール）である以上、ビジネスの成果の七割を占める経営戦略が最も重要であり、ＬＩＮＥ公式アカウント活用の成否もその経営戦略に大きく左右されるのです。

したがってＬＩＮＥ公式アカウント活用を大きく開花させるためには、その基盤となる経営そのものの戦略が最も重要なのです。

あなたのビジネスは、「商品」、「エリア」、「客層」の三つの観点で、どのような点に専門特化した「一位」を構築しているといえるでしょうか。

まずはこのようなシンプルな質問に向かい合ってみましょう。

仮にあなたが、飲食店や美容室を経営しているとして、「商品、サービス」の専門特化、「商圏、エリア」の専門特化、または「客層ターゲット」の専門特化を明確に示すことができますでしょうか。

きちんと経営者の頭の中でそれらを整理し、自社サイトや自社発信メディアなどの中でそれらの専門特化に基づくコンセプトをきちんと表現していくことが、ＬＩＮＥ公式アカウント活用の上でも最も重要な基盤となるのです。

逆に言えばＬＩＮＥ公式アカウントの成果を何倍にも開花させたいと考えるのであれば、

この第一ステップである「自社コンセプトの策定」をじっくりと時間をかけ構築していくべきです。

自社コンセプトの策定には、私が独自に開発したUSP（ユニーク・セリング・プロポジション。自社独自の販売提案）の構築法である「魅力発掘シート」を使用すると良いでしょう。

このシートにより、まったく経営者本人が気づかなかった業界における自社内の競争優位点があぶり出され、そこから生まれた競争優位点は、経営において最も重要な戦略として威力を発揮します。

私が手がける経営コンサルティングでは、まずこの「魅力発掘シート」を用いた自社分析に時間をかけて、徹底的に自社の業界における競争優位点、取扱商品やサービスの特徴、企業としての特徴や長所を導き出します。

「魅力発掘シート」に記載された七つの質問は次の通りです。

(一) あなたが絶対変えたくない方針・ポリシーは何ですか
(二) 既存客はなぜ御社を選んだのだと思いますか
(三) 御社はこれまでどのように顧客を獲得してきましたか
(四) 他社に優っているところ・異なるところは何ですか
(五) 既存客は御社の商品、サービスについて、どのように喜んでいますか
(六) あなたがこの仕事をしていて一番嬉しかったことは何ですか
(七) 御社のお客様の共通点とは何ですか

いずれも平易な表現で示されたシンプルな質問ですが、この質問群こそが、私が業界キャリア二〇年の中で培ってきた、「さりげない質問を通して、その企業の真の価値を抽出する」ための究極の質問セットなのです。

※魅力発掘シートは、こちらからダウンロード可能です。
http://www.arms-edition.com/miryokuhakkutsu-sheet.pdf

このシンプルな質問群こそが企業の頭に汗をかかせ、経営者や社員が自身と徹底して向かい合う作業になります。このようなシンプルな質問について、柔軟な発想で回答していただくことで、その企業の真の競争優位性や特徴があぶりだされていくのです。

その結果、次のような雛形で自社コンセプトを明文化していくと良いでしょう。

■自社コンセプト明文化の雛形

「当社は○○と○○が自慢の、○○が地域でナンバーワンの会社です。」


この○○の部分に値する要素を「魅力発掘シート」によりリストアップしていくのです。すると漫然とビジネスをしていた経営者も自社の売り、強みを明確に理解でき、経営戦略がより確かなものになることでしょう。

これが超戦略型LINE公式アカウント活用を大きく成功させる第一歩なのです。

第2ステップ

友達登録を促進するための特典企画の策定

ＬＩＮＥ公式アカウント活用の最初の壁は、有効なお友達登録の獲得です。

お友達の獲得は、多くのＬＩＮＥ公式アカウント運営者がつまずく最初の大きな壁であり、ＬＩＮＥ公式アカウントで大きな成果を出すためのひとつの重要なテーマです。

企業におけるＬＩＮＥ公式アカウントの活用が今後一般的になってくると、ＬＩＮＥ公式アカウントのお友達獲得はより競争が激しくなることが予想されます。そうした時代が到来しても、長くＬＩＮＥ公式アカウントを活用していくために、戦略的な登録者獲得を行っていく必要があります。

世の中には、飲食店や美容室、治療院などの店舗型ビジネスを行なっている場合と、私のようにコンサルティングやカウンセリングなど無形のサービスを提供してる場合がありますが、いずれの場合でも効果的な特典の提示がお友達獲得のための必須条件です。

ＬＩＮＥ公式アカウントお友達獲得のための特典の企画には、大きく次の三つのパターンが考えられます。

一つ目は、形のある「プレゼントを提供する」ということです。グッズや粗品など登録者がもらって嬉しいものを用意して、登録者が来店時などにそれらのプレゼントを手渡すというスタイルです。

仮にささやかなものであっても、グッズなどのプレゼントをもらえる嬉しさから、こうした特典は多くのＬＩＮＥ公式アカウント登録者に歓迎されるはずです。

また、それらのプレゼントに限定性を加えることで希少価値が生まれ、それらはＬＩＮＥ公式アカウント登録に向けた大きな動機付けになることでしょう。

二つ目は、ＬＩＮＥ公式アカウントの登録者だけの「ご優待などの特典」を用意するということです。

例えば、飲食店であれば、「飲み物一杯無料」や「次回来店時に五〇〇円オフ」などお客様が得られる直接的なメリットを提示する方法です。

前章で紹介しました精力的にＬＩＮＥ公式アカウント活用に取り組んでいる静岡県富士市の「やきとりの三冠王」の花井巌さんは短期間に約二〇〇人の登録者を獲得に成功しましたが、彼は登録時の特典として「やきとり一本サービス券」を提供しています。また、登録後はＬＩＮＥ公式アカウント登録者だけが得られる特別価格に関する情報が配信されることを告知しています。

この特典が奏功して、個人店であるにもかかわらず短期間に約二〇〇人の登録者を集めることに成功したのです。特典の原価にもよりますが、こうした特典の設定は、お客様の心理に登録の壁を乗り越えていただくための最も有効な方法のひとつと言えます。

ＬＩＮＥ公式アカウントの登録者になることで、一般の顧客は得ることができない特別な権利を得られることは大きな魅力になるはずです。

三つ目の特典のパターンは、「情報」です。

LINE公式アカウント登録者にだけ提供する希少価値の高い情報を文字情報、YouTube限定公開動画やPDF形式のデータにして、お友達登録時の自動応答メッセージに織り込むという方法です。

これは私のように店舗を持たずにサービスを提供している場合に特に相性の良い特典の提供方法です。

第一章で紹介したように、私のLINE公式アカウントでは登録時特典として門外不出の五大特別講義動画（合計八〇分）を提供しています。これらは、私が提供している他の媒体では公開していない有料級のものです。

この三つのパターンの中で、今後のインフレ下で特にお勧めしたいのが、三番目の「情報」です。

あなたの専門性を活かした情報を一〇分から二〇分の動画にまとめ、それをYouTubeに限定公開にしてアップロードすれば、立派な特典になります。

また、単独の情報では物足りない場合には、私のように複数の情報特典を用意してボリュームを出すことで、お客様の目にはより魅力的な特典に映るはずです。

私たちは、このような三つの特典のパターンを使い分け、お客様の興味を惹きながら効果的にLINE公式アカウント登録者の獲得に努めなければいけません。

〈著者がLINE公式アカウント登録特典として提供している動画の例〉

第3ステップ 自社サイト、運営メディアに掲載するLINE公式アカウント登録促進用の動画の撮影

LINE公式アカウントのお友達登録獲得のための魅力的な特典が決まりましたら、次の第三ステップで行うことは、「LINE公式アカウント登録促進用の動画の撮影」です。

その方法は、動画の専門家である私が独自に開発、実践している先端的なLINE公式アカウント登録者の獲得方法で、まさに文字情報の四五〇〇倍の威力を持つ動画のパワーを活用したユニークな方法です。

多くの企業、店舗は通常、LINE公式アカウントの登録促進策として、QRコード、LINE公式アカウントのIDや特典の内容を店頭に掲示して登録者を集めています。また、ネット上での登録促進においても同様に、QRコードや「お友達に追加」ボタンを自社サイトや運営メディアに掲載している場合が一般的です。

そうした中で私が提唱している方法は、「LINE公式アカウント登録獲得用ランディングページ」を作成し、自社サイトや自社運営メディアの全ページにリンクを貼るという方法です。

「LINE公式アカウント登録獲得用ランディングページ」に掲載する内容は、次の通りです。

■「LINE公式アカウント登録獲得用ランディングページ」の掲載内容
（一）LINE公式アカウントお友達登録募集のタイトル
（二）登録すると得られる特典の内容の紹介（一分程度の動画）
（三）登録すると得られる特典の内容の紹介（文章）
（四）一斉配信メッセージの配信内容の紹介（一分程度の動画）
（五）一斉配信メッセージの配信内容の紹介（文章）

（六）ＱＲコード
（七）「お友達に追加」ボタン

この二番と四番に挙げた「登録すると得られる特典の内容の紹介」と「一斉配信メッセージの配信内容の紹介」が特に重要です。

自社サイトや運用メディアの中で、ダイレクトにＱＲコードを紹介するのではなく、経営者やスタッフが動画によりＬＩＮＥ公式アカウント登録により得られるメリットや定期的なメッセージの配信内容、方針などについて分かりやすく説明することで、自社ＬＩＮＥ公式アカウントの魅力をより一層、伝えることができるはずです。

多くの企業が単なるＱＲコードの掲載や特典の提示に留まっている中、このような解説ページと動画を使ったアピールは、大きなインパクトを与えることでしょう。

今後、多くの企業がＬＩＮＥ公式アカウントの運用を始め一般的になっていく中で、他社と大きな差別化を図りながらＬＩＮＥ公式アカウントの登録を獲得する効果的な方法としてぜひ覚えておいてください。

〈菅谷信一の公式サイトにおける
「LINE公式アカウント登録獲得用ランディングページ」〉
http://www.arms-project.com/lineat/

第4ステップ 自社サイト、運営メディアにおけるＬＩＮＥ公式アカウント登録促進用のページの設置

「ＬＩＮＥ公式アカウント登録促進用ランディングページ」と動画の準備ができたら、次は自社運営サイトや運用メディアの各ページからそのランディングページにリンクを張ります。

まず、リンクを張るための専用バナーを作成します。

これは画面のレイアウトに応じてバナーの大きさを決めて、デザイナーに依頼するなど

して作成しましょう。
私の場合にはメディアや掲載個所別に三パターンのバナーを用意して掲載しています。

■ＬＩＮＥ公式アカウントを告知するバナーの設置場所は、主に次の通りです。
（一）自社運営サイトのトップページおよび下層ページのサイドバーなど
（二）自社運営ブログのトップページおよび下層ページのサイドバーなど
（三）Facebookの個人ページおよび会社ページのヘッダー画像など
（四）YouTubeのチャンネルトップページ

「ＬＩＮＥ公式アカウント登録促進用ランディングページ」を設けた上でGoogleアナリティクスなどでアクセス解析を行い、定期的にチェックをすることでどれぐらい自社のＬＩＮＥ公式アカウントの関心が高まっているかなどを測定することができます。

ＬＩＮＥ公式アカウント登録者をネット上の施策を通して増加させるために定期的にチェックしたいポイントは以下の点です。

〈著者が自社媒体で使用しているバナー〉

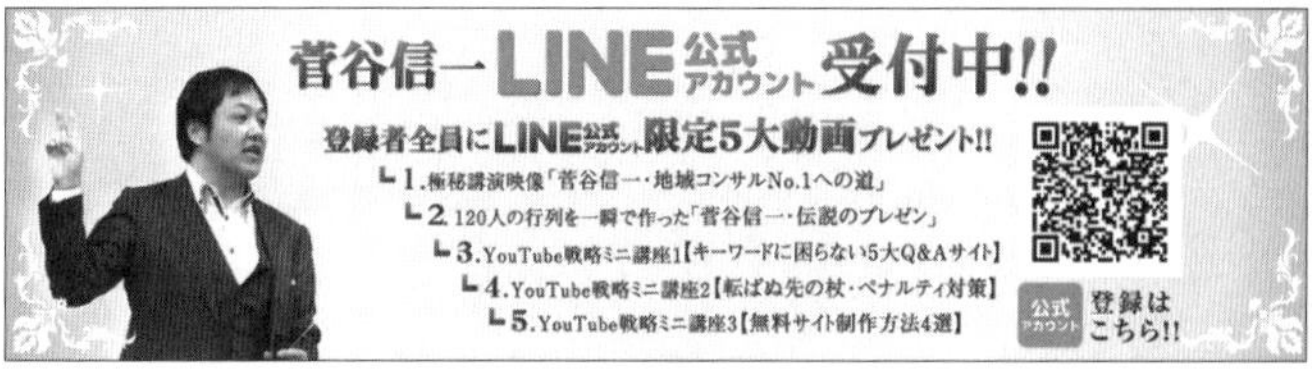
菅谷信一 LINE公式アカウント 受付中!!
登録者全員にLINE公式アカウント限定5大動画プレゼント!!
1.極秘講演映像「菅谷信一・地域コンサルNo.1への道」
2.120人の行列を一瞬で作った「菅谷信一・伝説のプレゼン」
3.YouTube戦略ミニ講座1【キーワードに困らない5大Q&Aサイト】
4.YouTube戦略ミニ講座2【転ばぬ先の杖・ペナルティ対策】
5.YouTube戦略ミニ講座3【無料サイト制作方法4選】
公式アカウント
登録はこちら!!

極秘5大動画
プレゼント
L
LINE
公式アカウント

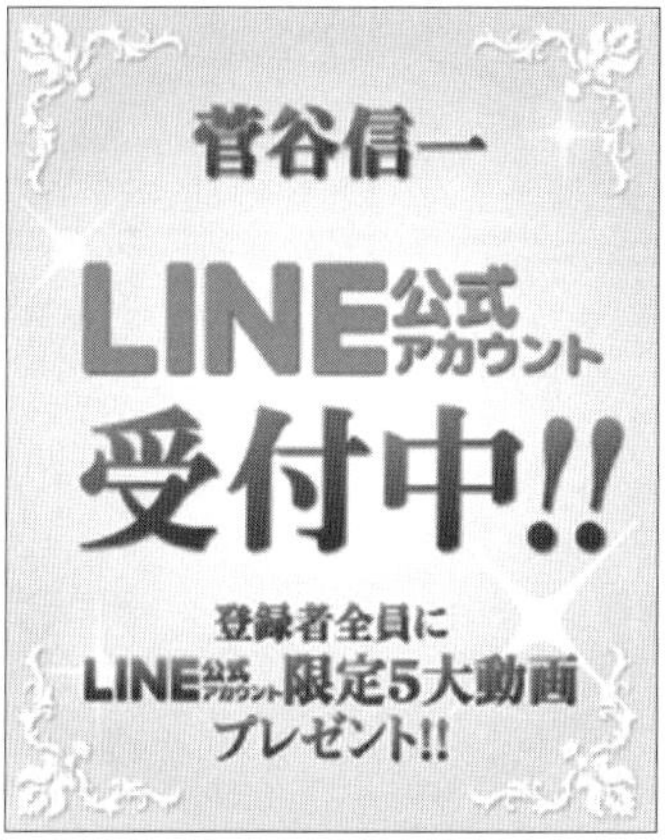
菅谷信一
LINE公式アカウント
受付中!!
登録者全員に
LINE公式アカウント限定5大動画
プレゼント!!

■ＬＩＮＥ公式アカウント登録者獲得のためのチェックポイント
（一）自社サイトへのアクセス数
（二）「ＬＩＮＥ公式アカウント登録促進用ランディングページ」のアクセス数
（三）ＬＩＮＥ公式アカウント登録者の増加数

この中で、（一）の数値が伸びているにも関わらず（二）の数値が伸びていない場合には、バナーの設置場所やバナーの掲載内容に改善の余地があると推測できますし、（二）が伸びているのに（三）が伸びていない場合には、特典内容の見直しが必要かもしれません。

この三つを定期的に測定することで改善を重ね、最も登録率が高まるスタイルを確立していきたいものです。

またテキストリンクでの「ＬＩＮＥ公式アカウント登録促進用ランディングページ」のリンク設定ですが、「YouTube動画下部の説明文」、「Facebook個人ウォールへの書き込み」、「ブログの記事本文への書き込み」、「twitterへの書き込み」などが考えられます。

自社が運営している媒体すべてに、バナーまたはテキストリンクで「ＬＩＮＥ公式アカウント登録促進用ランディングページ」へのリンクを張ることで、自社ＬＩＮＥ公式アカウントの登録者を積極的に集めている姿勢を示していきましょう。

第5ステップ

お友達登録者への追加時あいさつメッセージで届ける登録御礼メッセージ動画の撮影とアップロード。

大切なご縁により自社ＬＩＮＥ公式アカウントに登録をして頂いた方を最初にお招きするのは「あいさつメッセージ」と呼ばれる自動応答メッセージです。

この「あいさつメッセージ」は、標準の状態は実に無愛想なメッセージに設定されており、必ず自社独自のおもてなし感が伝わるメッセージに書き換えて設定しておきましょう。

標準の文面に設定したままで運用している事例も多いのですが、それではせっかく登録をしていただいた方に対して、良い第一印象を与えることができません。

大きな期待を持ってＬＩＮＥ公式アカウントに登録を頂いた方々に実際の仕事におけるサービスと同様に丁寧なおもてなしの気持ちで登録を歓迎する姿勢を示すことが重要です。その歓迎の気持ちを最大限に伝えるのが、「登録御礼動画メッセージ」です。

「登録御礼動画メッセージ」は、約一分を目安にした動画で、次の三つの事項を伝えるといいでしょう。

■「登録御礼動画メッセージ」で伝えること
（一）数あるＬＩＮＥ公式アカウントの中から自社のＬＩＮＥ公式アカウントに登録をいただいたことへの感謝の気持ち
（二）今後、定期的に有益な情報を配信していくこと
（三）登録頂いたお礼として約束していた特典の受け取り方法

無愛想な標準の「友だち追加時あいさつ」と違い、このようなおもてなしの気持ちが十分に現れている「登録御礼動画メッセージ」はほとんどのLINE公式アカウント運用者が実践していないことであり、このメッセージを受け取った登録者は新鮮な気持ちで登録したLINE公式アカウントに大きな信頼と期待、満足感を持っていただけることでしょう。

また、登録後の定期的なメッセージ配信においても、第一印象の良さが好影響を及ぼし、ブロックや解除になる可能性が限りなく低くなることも予想されるでしょう。

実際のビジネスでもLINE公式アカウントでも、第一印象やおもてなしの姿勢は非常に重要なのです。

実際、私のLINE公式アカウント運用においても、「あいさつメッセージ」において「登録御礼動画メッセージ」を掲載したあとは、以前と比べてブロック、解除の割合が極端に低くなりました。

次に、「登録御礼動画メッセージ」の具体的な設定方法です。

まず最初に一分程度の「登録御礼動画メッセージ」を前述の通り収録をします。

次に、その動画をYouTubeに限定公開モードでアップロードします。その際、YouTube

〈著者のLINE公式アカウント登録直後に送信されてくる「登録御礼動画メッセージ」。〉

LINE公式アカウントの管理画面「LINE Official Account Manager」から「あいさつメッセージ」を設定する。
LINE Official Account Manager：https://manager.line.biz/
（個人のLINE登録メールアドレスとパスワードでログインする）

動画のタイトルや説明文は「ＬＩＮＥ公式アカウント登録いただきありがとうございます。」などとして、細部に渡って感謝の気持ちを表すと良いでしょう。

そして限定公開モードでアップロードされたYouTube動画のＵＲＬを記録します。

ＬＩＮＥ公式アカウントの管理画面「LINE Official Account Manager」のメニュー「あいさつメッセージ」を選択し、私の例も参考にしながら、記録しておいたYouTube動画のＵＲＬも含めて挨拶のメッセージを入力します。

「あいさつメッセージ」は、五つの要素まで設定できますので、ひとつはこうした「登録御礼動画メッセージ」、そしてもうひとつは次の節で説明する特典の提供などを設定していきましょう。

これらの設定は簡単一度だけの作業ですので、是非設定をしてお友達に登録時から良い印象を与えるように心掛けてください。

第6ステップ

お友達登録者への追加時あいさつメッセージで届ける特典動画の撮影とアップロード

第二ステップで策定した特典がYouTube動画などによる「情報」の提供の場合には、この「友だち追加時あいさつ」のメニューの中で特典の提供を設定します。

YouTube動画などの「情報」による特典の提供方法は以下の通りです。

まず特典となるコンテンツの動画を収録し、YouTubeに限定公開モードでアップロードします。そして、限定公開モードでアップロードされたYouTube動画のＵＲＬを記録します。

次にＬＩＮＥ公式アカウントの管理画面「LINE Official Account Manager」のメニューから「あいさつメッセージ」を選択します。

画面下部の「＋追加」ボタンを押し、次の例文も参考にしながら、特典のご案内を記載します。

■菅谷信一の「あいさつメッセージ」での特典のご案内文例

お約束通り、あなたにプレゼントをお届けいたします。

【ＬＩＮＥ登録者限定】五大動画講座無料プレゼント！

一　極秘講演映像「菅谷信一・地域コンサルＮｏ１への道」

https://youtu.be/id8KQbQig5Y

二　一二〇人の行列を一瞬で作った「菅谷信一・伝説のプレゼン」
https://youtu.be/KG7SejyWmYs

三　YouTube戦略ミニ講座一【キーワードに困らないQ&Aサイト五つ】
https://youtu.be/wfv3K3G8aiQ

四　YouTube戦略ミニ講座二【転ばぬ先の杖・ペナルティ対策】
https://youtu.be/OJ72CXe4l6w

五　YouTube戦略ミニ講座三【無料サイト制作方法四選】
https://youtu.be/L2GJeYKVcO8

ぜひご覧いただきお仕事に役立ててくださいね。

菅谷　信一

設定の方法は、前節で紹介した「登録御礼動画メッセージ」の設定方法と同様ですので、この特典の設定と併せて行うと良いでしょう。

YouTube動画による特典の提供における注意点は、提供するYouTube動画の公開区分をきちんと限定公開モードにすることです。

誤って非公開モードにすると投稿者である自分以外にはまったく表示されませんし、また一般公開モードにしてしまうと、LINE公式アカウント登録者のみに特典を提供する限定性が失われてしまいます。

ですので、必ず特典としてYouTube動画の形式でコンテンツを提供する場合には、その動画の公開モードが限定公開モードになっていることを確認し、その上で設定の手続きを進めましょう。

〈著者LINE公式アカウントの自動返信による特典の提供画面〉

限定公開YouTubeのURLが記されている。

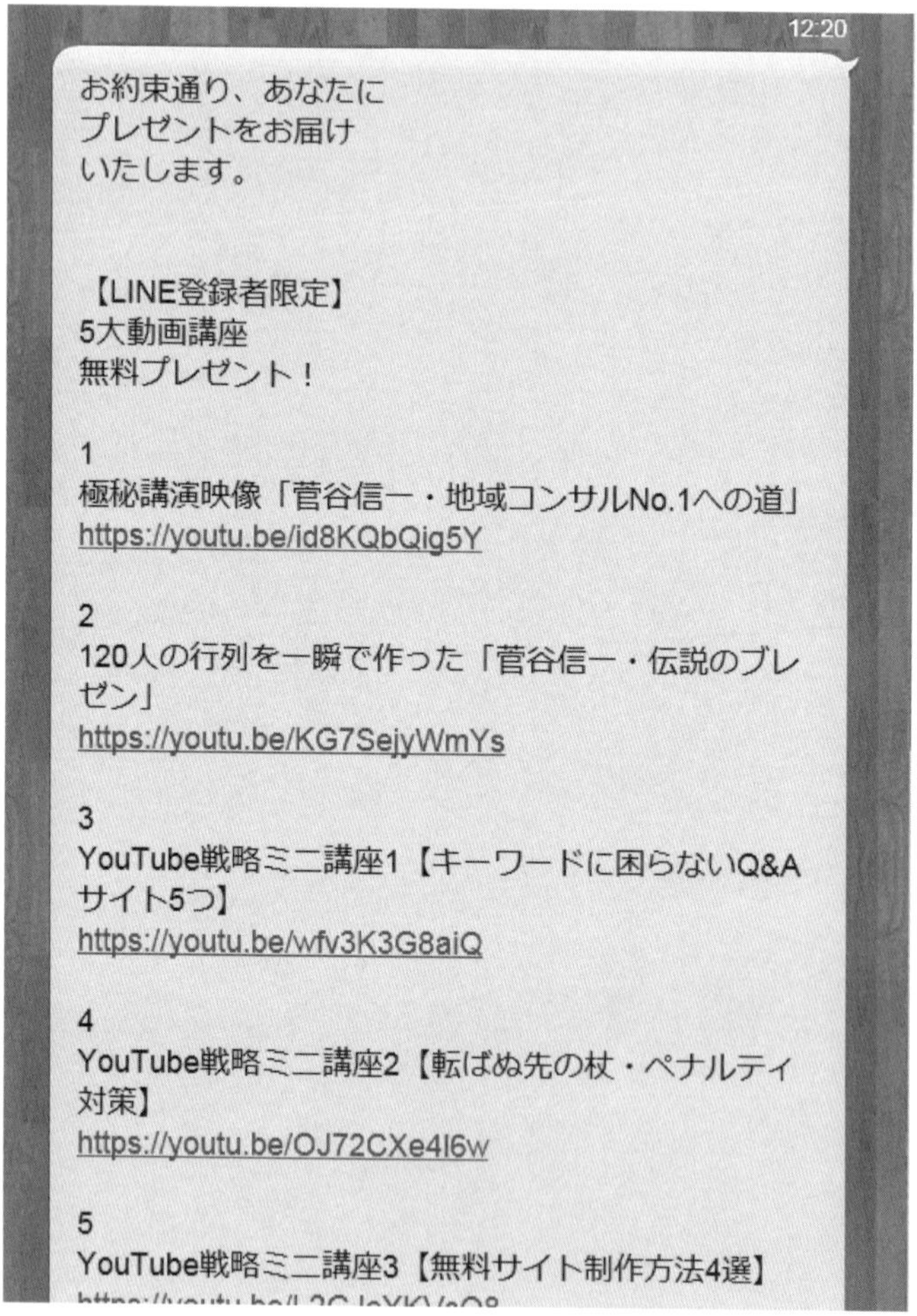
12:20
お約束通り、あなたに
プレゼントをお届け
いたします。
【LINE登録者限定】
5大動画講座
無料プレゼント！
1
極秘講演映像「菅谷信一・地域コンサルNo.1への道」
https://youtu.be/id8KQbQig5Y
2
120人の行列を一瞬で作った「菅谷信一・伝説のプレゼン」
https://youtu.be/KG7SejyWmYs
3
YouTube戦略ミニ講座1【キーワードに困らないQ&Aサイト5つ】
https://youtu.be/wfv3K3G8aiQ
4
YouTube戦略ミニ講座2【転ばぬ先の杖・ペナルティ対策】
https://youtu.be/OJ72CXe4l6w
5
YouTube戦略ミニ講座3【無料サイト制作方法4選】

第7ステップ 一斉配信メッセージでの全体企画と配信動画の企画

ＬＩＮＥ公式アカウント登録時の「あいさつメッセージ」である自動応答メッセージの設定が終わりました。この設定により、お友達登録時に丁寧なメッセージで歓迎の意を表し、また約束通りの特典を提供することができます。

次のステップは、定期的に行う一斉配信メッセージです。

著者のLINE公式アカウント一斉配信では「仕事に役立つYouTubeのテクニック」を紹介している。

この一斉配信メッセージは、ブロック、解除を最低限に抑えるために、最適な配信頻度と言われる週に一回の配信を目安に、次のコンテンツを参考に配信メッセージの内容を企画するといいでしょう。

どれかひとつの企画を継続しても良いでしょうし、複数の企画を取り入れてバリエーションを付けた形で配信してもいいでしょう。

一斉配信メッセージの動画コンテンツとして参考にして頂きたい基本パターンは次の六つです。

（1）お役立ち情報豆知識の提供
あなたが専門とする分野のちょっとした豆知識や一般の方に伝えたい情報を一分ぐらいの動画で解説をして提供するという方法です。

例えば私であれば、「仕事に役立つちょっとしたYouTubeのテクニック」と題した豆知識をを毎週火曜日に配信しています。

多くの方にお勧めしたい最も基本的な配信内容です。

（2）近況報告
その一週間にあったトピックスを動画で紹介するスタイルです。

日常的に撮影しておいたYouTube動画の中から、その一週間の出来事を象徴する比較的短いYouTube動画を選択し、一斉配信メッセージの中で取り上げるという方法です。

会社や店舗が精力的に活動してる様子が臨場感をもって伝わり、また登録者に親近感を抱かせる効果もあるので、有益なコンテンツ企画のひとつのパターンと言えるでしょう。

（3）お客様の声

最近、来店されたお客様や訪問したお客様に対して、簡単なインタビューを行い、その動画を一分程度に編集して紹介するというスタイルです。

この形の良いところは、ＬＩＮＥ公式アカウントの登録者参加型の企画としても運用することができ、運営側と登録者側とに一体感が生まれることです。登録者側には参加意識が生まれることで、ビジネス面での反応も伸びるはずです。

また、このようなお客様の声は、ホームページに掲載するコンテンツとしても有効に活用できることから、普段からどのお客様にインタビューを行うか打診をするなど準備をしておくとスムーズに実践できます。

（4）スタッフ紹介

経営者やスタッフの自己紹介や自身の仕事の理念、方針、考え方などを短編の動画にまとめ、定期的に紹介していくという企画です。

「企業は人なり」と言いますが、その組織のスタッフがひとつの経営理念のもと安定した商品やサービスを提供しているということを証明する動画コンテンツにもなります。

（5）現場レポート

特に、製造業などのものづくりや、住宅建築や不動産など住まいに関わるビジネスをしている会社、また原材料を加工して製品を作っている方はその現場にカメラを入れ舞台裏を赤裸々に伝えることで積極的に情報を開示する姿勢であることを伝えることも出来ます。

また提供しているものの工法や材料の安全性も訴えることができます。

（6）特別企画

季節に応じて巻頭特集を組む雑誌の企画のように、柔軟に自社の商品サービスや会社に関わる企画を設定し動画にまとめて配信するという方法です。

私が過去に中小企業のサイト制作で手がけた特別企画の動画としては、次のようなものがありました。

・実印を彫る職人さんが修行した現場を訪問
・住宅の躯体の材料である青森ヒバの原生林をレポート
・墓石の産地で墓石の原材料から小割り、彫刻、据え付けに至るプロセスを紹介
・簿記の講師が恩師のもとを表敬訪問

〈一斉配信メッセージ事例〉

伊豆の「住まいる不動産」柴田厚さんは、LINE公式アカウントで地元の四季の様子を動画で定期的に届けている。（@xpf6719x）

これらの動画コンテンツの企画は、自社サイトですでに掲載している企画であっても、LINE公式アカウントのプッシュ型の特性を活かして確実にお客様に訴えたいコンテンツを届けられるのが大きなメリットです。

自社サイトの更新の中で特に魅力的な動画コンテンツを掲載したタイミングで、LINE公式アカウントの一斉配信メッセージを活用して紹介してもいいでしょう。

これら六つの基本パターンを参考にしながら、自社ではどのような企画が継続的に取り組めるかを検討して、担当者や期限を明確にし、週に一回を目安にしたメッセージの配信を継続的に実施してください。

第8ステップ

一斉配信メッセージの動画の撮影とアップロード

一斉配信メッセージ用の動画企画が決まりましたら、動画の撮影です。視聴する登録者に負担がないように、一分程度の長さを意識して、収録を行います。編集をしてもどうしても長い動画になってしまう場合には、前編、中編、後編に分割するなどして、一本の動画が三分を越えないように調整しましょう。

「登録御礼挨拶メッセージ動画」や「特典動画」と同様に、これらの一斉配信用の動画もYouTubeには限定公開モードでアップロードします。

また継続的に動画を投稿していくと、多数の動画が自身のYouTubeチャンネル内に存在することで管理しづらくなるので、任意の動画をグループ化する機能である「再生リスト」を活用して整理するようにしましょう。

私は一斉配信メッセージで使用した動画はすべて、専用のYouTube「再生リスト」にて管理して、最近登録をしたお友だちもバックナンバーとして視聴できるように、再生リストのURLもLINE公式アカウント一斉配信メッセージにて随時紹介するようにしています。

すると、最近の登録者は過去の一斉配信メッセージのバックナンバーを見ることができない問題が、動画の部分だけでも繰り返し視聴することができ、ある程度、解消することができます。

YouTubeに限定公開モードでアップロードした動画のURLを記録して、次の節で説明する一斉配信メッセージの設定に活かしていきます。

第9ステップ
一斉配信メッセージの配信設定

一斉配信メッセージでの配信内容の企画が決まりましたら、いよいよ配信の設定です。「LINE Official Account Manager」の「メッセージ配信」のメニューを押し、画面右上部の「作成」ボタンを押します。

そこで、まず配信する日時を設定します。「今すぐ配信」と、指定する日にちや時間での配信を選択できますので、指定日時での配信をする場合には、カレンダーから日時を選択

■「LINE Official Account Manager」で一斉配信の日時をカレンダーで設定する。

■配信する内容は表示される枠内に文章を入力する。

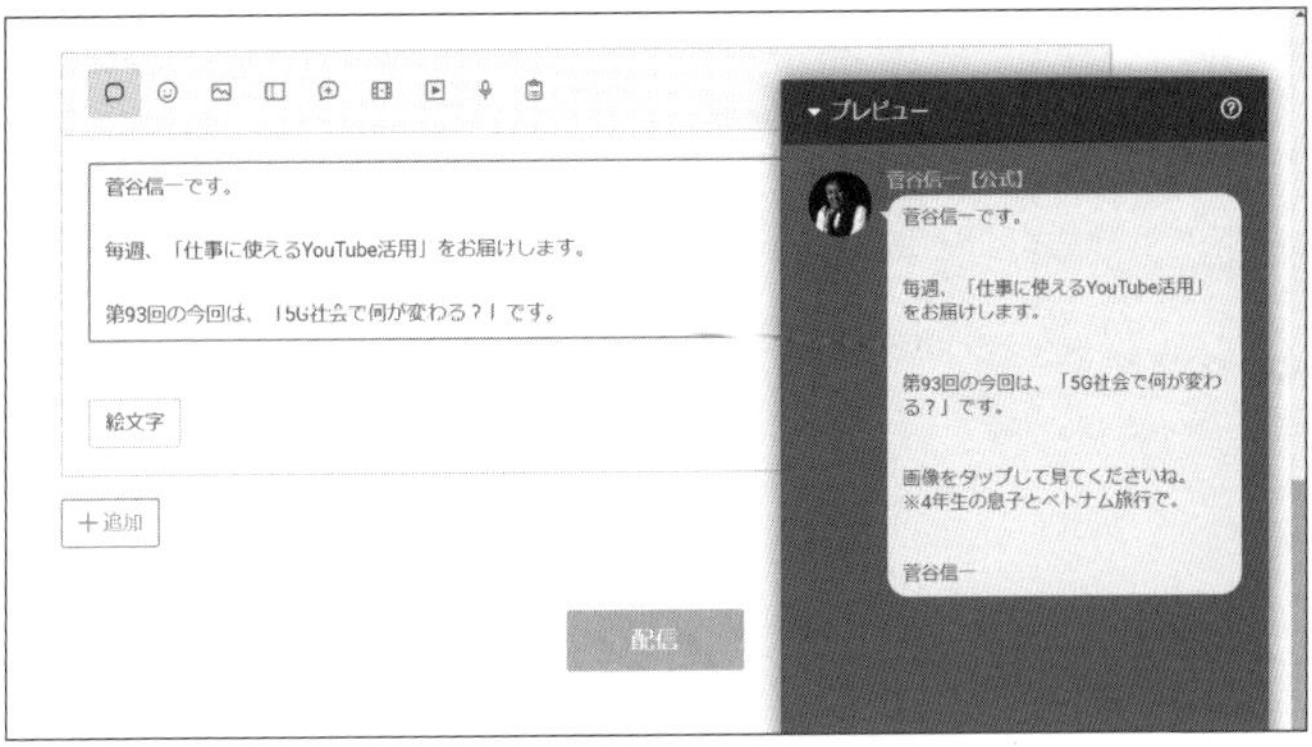

して設定をします。

初心者は、「今すぐ配信」ではなく、誤りがあった際に修正して再送ができるように日時指定の配信設定を心がけましょう。

そして、いよいよ配信する本文の設定です。

表示される枠内に配信する文章を入力します。そしてその中に動画を紹介する場合にはYouTube動画のURLを記載します。できれば、掲載するYouTube動画のURLは短縮されたURLが見やすくて理想的です。

例えば、私が配信している「仕事に役立つYouTube活用」では、以下のような文面で提供しています。執筆時の最新号をご紹介します。

■菅谷信一LINE公式アカウント一斉配信メッセージの事例

菅谷信一です。

毎週、「仕事に使えるYouTube活用」をお届けします。

第93回の今回は、「5G社会で何が変わる?」です。

https://youtu.be/gYrQLURXwYE
ご感想やご質問、リクエストなどお送り下さいね。（全員に返事を書きます。）
バックナンバーの動画はこちらから見られます。
https://goo.gl/F14iTy
菅谷信一

コンパクトな文面が好まれるＬＩＮＥ公式アカウントでは、長文のメッセージはあまり適していないので、一文を短か目にして、また文と文の間に適宜スペースや改行を入れるなどして読みやすい記述を心がけましょう。

改行やスペースが少ない圧迫感のあるメッセージは、登録者に好まれない可能性が高いのです。一斉配信メッセージにおいてもYouTube動画を取り入れることで、より視覚的に、また立体的にそのコンテンツを登録者に伝えることが出来、魅力的なＬＩＮＥ公式アカウントとして長く登録者に愛されることでしょう。

読者限定・菅谷信一ミニ動画セミナー

・第４章のポイント、内容を菅谷信一が読者限定公開動画で解説。

http://www.arms-project.com/linebiz-goma/04/

スマホから
はこちら

第5章
5G時代に先駆ける！ さらに多様化するLINE営業・集客の可能性と未来予想図！

①ネット戦略において YouTube動画が効果を発揮する場面

四章で詳しく紹介しましたように、YouTube動画はＬＩＮＥ公式アカウント活用の各場面でその威力を何倍にも高める効果を発揮します。

また、同様にネット戦略の各場面においてもYouTube動画は、その効果を最大化するツールです。

ここでは、ＬＩＮＥ公式アカウント以外のネット戦略の全体像においてYouTube動画をどのように活用すべきなのかを解説していきます。

ＬＩＮＥ公式アカウント以外のネット戦略において、YouTube動画が効果を発揮する場面は以下の五場面が考えられます。

■ネット戦略においてYouTube動画が効果を発揮する場面

（一）Google検索において自社の露出を高める役割
（二）自社サイトのコンテンツを強化する役割
（三）ＳＮＳ内でコンテンツを強化する役割
（四）限定公開モードにて個別メッセージ
（五）限定公開モードにて社内マニュアルや業務省力化を目的とした活用

（一）の「Google検索において自社の露出を高める役割」についてはこれまで解説した通りです。

（二）と（三）は、ともにコンテンツを強化する役割で、文字情報では伝わり切れない情報をよりリアルに伝える「情報補完的な役割」と言えるでしょう。

通信環境の高速化やスマホなど撮影ツールの一般化によって、ますます動画は身近なものとしてネット社会に浸透していき、情報閲覧者も動画を交えた情報を一般的なものとして求めるようになるでしょう。

（四）と（五）は、限定されたメンバー間の高度な活用法として今後、注目されていくでしょう。

❷ Google検索からYouTubeへ・・・。全くの新規層よりLINE公式アカウントを登録させる

YouTubeによるGoogle検索対策とLINE公式アカウントの関連性についてです。

YouTubeは依然としてGoogle検索との抜群の相性を持ち続け、またYouTube動画投稿からGoogle検索への反映の速さも他の追随を許しません。

このGoogle検索での抜群の威力を持つYouTubeをLINE公式アカウントの登録獲得に活かすことはできないでしょうか。

LINE公式アカウントがリスト獲得に最も有効なツールの地位を確立してきた現在、私はYouTubeの戦略的な活用を進化させたものとして提唱し始めています。

まず、YouTubeから自社サイトなどへの誘導を図るために最も基本的な導線は、YouTube動画の下部にある「説明文」のスペースです。

他にもYouTubeには他の媒体へ誘導させる機能としてカードや終了画面機能がありますが、いずれもサーバーに指定のファイルをアップロードしての認証が必要であったりと手間がかかります。

基本的な導線である「説明文」のスペースを活かして、ここに自社サイトのＵＲＬとともに「ＬＩＮＥ公式アカウント登録者獲得用ランディングページ」のＵＲＬを掲載して、ＬＩＮＥ公式アカウントへの誘導を強化することを私はお勧めします。

また、過去の大量のYouTube動画の財産があるという方は、説明文など動画属性の一括修正の機能がYouTubeにはありますので、必要に応じて、過去の投稿分について「ＬＩＮＥ公式アカウント登録獲得用ランディングページ」のＵＲＬを追加していくと良いでしょう。

YouTubeのGoogle検索との抜群の相性をこのように活用して、ＬＩＮＥ公式アカウント登録者獲得に結びつけていきたいものです。

③ ネットユーザーの問い合わせ心理の変化に注目する

私たち中小企業は、その情報発信と問い合わせの獲得において、現在のネットユーザーの「問い合わせ心理の変化」を十分に認識しておかなければいけません。

ネットユーザーが企業や店舗に問い合わせをすることを想定した場合、従来であれば自社サイトの最上部に自社の電話番号を大きく記すことが鉄則だと言われてきました。

また多くの企業のホームページではお問い合わせフォームを設け、ネットユーザーからのお問い合わせをメールで受け付けることが基本的な対応法でした。

ところが近年、ネットユーザーの「問い合わせ心理」の変化や多様化が顕著になってきています。現在のネットユーザーには、次の三つの「問い合わせ心理」があることが分かります。

（一）電話で問い合わせをすることに抵抗のないネットユーザー
（二）電話で問い合わせをすることに抵抗があるが、お問い合わせフォームで個人情報を送信することに抵抗のないネットユーザー
（三）電話やお問い合わせフォームで個人情報を送信することに抵抗があるネットユーザー

特に三番目の電話や個人情報送信に抵抗のあるネットユーザーが、近年増加をしています。その原因は、言うまでもなくＬＩＮＥ文化の普及です。自身のことをニックネームで表現し、名前や個人情報を伏せたままコミュニケーションを取る習慣が一般的になってきたことによるものです。

それらによる影響から、企業や店舗の問い合わせの獲得についても、電話はもちろん個人情報を入力必須としているお問い合わせフォームから問い合わせをすることに、ネットユーザーが大きな抵抗を覚えてきたのです。

したがって企業は、自社サイトの問い合わせ窓口について、従来の電話番号やお問い合わせフォームだけではなく。「ＬＩＮＥで問い合わせる」という窓口を設け対応することが求められます。

自分の個人情報について伏せたままニックネームで問い合わせを頂いた見込み客は、企業とのメッセージのやり取りを通して次第に企業に対して信頼関係が築かれていきます。そのメッセージのやり取りの中で段階的に自身の個人情報を企業側に伝えていくといった、「長期型信頼関係構築」が一般化していくことでしょう。

企業はそうしたＬＩＮＥ文化に基づく問い合わせ心理の変化にも柔軟に対応し、時間をかけて信頼関係を構築し、最終的に商品やサービスの購入頂くといった販売パターンも視野に入れる必要があります。

4 ニュース性を活かす！ LINE公式アカウントの強みは天候や在庫にも対応できること

LINE公式アカウントは、リスクを背負うことなく企業の実情に応じて柔軟な営業対策を講じることができるツールと言えます。

厚木市のケーキ店「SALA」の外村貞子さんは、ある天候の悪い日の午後に客足が明らかに落ちるのを予測して、余ってしまった在庫を販売するためにある企画をLINE公式アカウントで告知しました。

従来であれば、作りすぎてしまった商品はすべて廃棄処分してしまっていたそうです。当然、一円の売上にもならないばかりか、コストのロスになります。

ところが外村さんは、このLINE公式アカウントが店舗の状況に応じて情報配信が瞬時にできる点に注目し、その日のお昼に「ショートケーキ半額キャンペーン」をLINE公式アカウントで一〇〇〇人の登録者に対して配信しました。

すると、その日の夕方に三〇名を超えるお客様が来店し、半額になったショートケーキ以外の商品もあわせて大量に購入をしてくれたのです。

天候に左右されて客足が鈍りそうなときや、売れ行きが悪いために在庫が残りそうな場合に、一瞬にして一〇〇〇人を超える既存客に特別な案内をLINE公式アカウントで配信することができるのです。まさに、LINE公式アカウントは店舗経営者の救世主といえるでしょう。

多くの売上を上げることができた外村さんは、今後もこのLINE公式アカウントを戦略的に活用する場面について更にアイデアが広がったと言います。

このようにLINE公式アカウントでの緊急の告知についても、動画を活用するとその威力が倍増します。

今、店舗がどのような状態なのか、なぜこの特別キャンペーンを行うことになったのか、など店舗の経営者が肉声をもって動画で訴えることで、従来の到達率が悪いメールマガジンとは比べ物にならない効果を発揮することが証明されたのです。

速報性に優れたLINE公式アカウントと、伝達力に優れたYouTube動画を組み合わせて活用することは、今後のLINE公式アカウントの先端的な活用法のひとつとして注目を集めていくことでしょう。

5 美容室業界の倒産理由に見る商売の本質と顧客維持の重要性

私が全国講演で商売の本質、特に顧客維持対策の基本的な考え方について、このような話をすることがあります。それは、すべての店舗型のビジネスの中でその規模が多いことで知られている美容室業界についての話です。

美容室は日本全国で二六万件あり、その数は五万件を数えるコンビニエンスストアの実に五倍の以上の規模です。全業種の中では倒産率が低いと言われている美容室業界ですが、それでも毎年、新規開業二〇〇〇件に対して九〇〇〇件の美容室が倒産をしています。その実態を分析してみると、商売の本質や顧客維持対策の重要性が浮き彫りになってきます。

美容室の倒産理由でまず考えられるのは、立地、施術料、技術などの要因です。

業績が低迷する美容室経営者がまず考えるのは、業績が悪い理由は「立地の悪さ」だと考え、家賃が高い駅前や街道沿いなど好立地の場所に移転をすることです。

しかし、残念ながら、この経営者の商売の本質や顧客維持対策の考え方が変わらない限り、仮に好立地に移転したとしても業績は変わることはありません。

次に業績が悪い美容室経営者が考えるのは、「施術料の高さ」についてです。「カットやパーマの料金が高いからお客様が来ないのだ。」と考え、料金表を見直し、全体的に値下げをします。

世界各国の国債の金利が上昇したり、ローンの金利が上昇するなどインフレの予兆が感じられる現在は特に、値下げは経営者が絶対にやってはいけないことのひとつです。ですが、デフレが骨まで染み付いた経営者は、安易に値下げをして打開策を講じようとします。ですが、どれだけ値下げをしても業績は好転するばかりか、利益を圧迫してしまい、結果的に倒産への時間を早めてしまいます。

そして、最後に考えるが、「技術力」についてです。「うちはカットやパーマの技術力が低いから業績が悪いのだ。」と考え、スタッフを積極的に技術研修に行かせます。

この対策もコストをかけて、お店を閉めて研修に参加して最新の技術を習得したにも関わらず、業績に与える影響はほとんどありません。また、「うちは設備が古いから駄目なんだ。」と新しい借金を作って不要な設備を導入する美容室もあります。

更にそのようなことをすると毎月の資金繰りを圧迫して、経営が悪化します。

このように、「立地」、「価格」、「技術」は美容室経営を考える時に、常にテーマに挙がるものですが、それらの要素は業績に与える相関関係は非常に低いものがあり実際にはもっと本質的な要因が美容室の経営を左右するのです。

第二章で、堅実に前年比一・一倍から一・一五倍を継続しているある北関東の美容室の事例を紹介しましたが、この美容室は激戦区にも関わらず立地や家格で勝負している美容室では決してありません。

好立地とはいえない場所で経営をして、施術料も決して安くはありません。ですが、お客様が他の美容室に「浮気」してしまうといった失客は限りなくゼロに近く、またその上で新規のお客様を着実に獲得し続けているので、激戦区にも関わらず安定した経営が実現できているのです。「立地」、「価格」、「技術」で勝負をしていないこの美容室はなぜ堅調な業績を何十年も継続しているのでしょう。

この経営者が徹底して行なっているのは顧客維持対策であり、経営の根幹は顧客維持と考えているからです。

他の美容室に流出してしまうお客様は、立地が悪いために去っていったのではありません。また、少々お値段が高いからというのも失客の理由にはなりません。

お客様は、自分のことをよく覚えてくれているお店、気にかけてくれているお店を何よりも評価します。そうした「接触の数と質」がお客様を店舗につなぎとめる本質的な要因なのです。

ある東北の地方都市にある美容室の話ですが、この美容室は立地が悪く、値段も高く、また技術力は平均的なものであるにも関わらず、何年もの間、五〇〇件あるその地方都市の中で売上が三本の指に入ることで知られていました。

その美容室の経営者も、安定的な経営ができている一番の理由は、立地や技術、価格ではなく、何よりも既存客へのケアや細部にわたるおもてなしであると分析していました。

ＬＩＮＥ公式アカウントの活用においても、そうしたお客様の購買心理をよく理解して実践をすることで、モチベーションも維持できますし、「何のために自分たちはＬＩＮＥ公式アカウントを運用しているのか」という意義を正確に理解することができます。

ＬＩＮＥ公式アカウントがお客様への到達率に優れたツールであり、社会インフラのレベルのツールであるということ以前に、このような商売の本質に基づいて実践する経営者はきっと大きな成果を手にすることができるはずです。

逆に、ＬＩＮＥ公式アカウントがトレンドだという理由で、一過性のツールとして認識している経営者はその効果を享受することができないでしょう

6 「SNS映え」を意識するユーザーに答えるLINE公式アカウントのタイムライン

先日、ニュースを見ていましたら大阪府堺市の「無添くら寿司」で、竹型の容器に入った新商品「竹姫寿司」の販売を始めたことが報じられていました。

写真映えする商品パッケージは、来店者がスマホを使って写真に収め、ＳＮＳに投稿する可能性が高く、「ＳＮＳ映え」を意識した商品の企画は、時代の流れを適切にとらえたものだと感じました。

「ＳＮＳ映え」、「インスタ映え」とは、特に女性の消費者を中心に、生活の場面において友人や知人にアピールしたい欲求に応える場面のことです。

最近、海水浴場に行く若い女性たちが年々減っていると言われています。海水浴場へのアルコールの持ち込み禁止や、日焼けの問題などが考えられますが、決して女性用の水着の売り上げが落ちているわけではありません。

彼女たちは海水浴場からどこに移動してしまったのでしょうか。

彼女たちは、日焼けの心配もなく、アルコールも楽しめる都内のナイトプールで楽しい時間を過ごしています。ある都内の有名ホテル内にあるナイトプールは、この三年で利用者が倍増したそうです。

彼女たちは、おしゃれなナイトプールでカクテルなどのアルコールを手にして、友達と楽しい時間を過ごしている様子をInstagramやFacebookなどのSNSに投稿して、自身の充実した生活をアピールしているのです。

LINE公式アカウントには、タイムラインという機能があります。Facebookと同様に、投稿した文章と写真が掲載され、多くの登録者の目に留まるという仕組みです。

私は企業へのコンサルティングの中で、SNS映えする画像が活用できる業界の場合には積極的にLINE公式アカウントのタイムラインに写真と近況を伝える短文を掲載するように指導しています。

SNS映えする業界は主に次のようなものです。

■SNS映えする画像の活用が向いている業界

（一）美味しそうな食材やユニークな商品を扱っている飲食店、食品販売

（二）おしゃれなインテリアなどが特徴的な住宅や不動産関係
（三）美しい景色などをアピールできる観光、旅行関係
（四）人物の楽しい活動の様子が伝えられる人材サービス、イベント関係
（五）思わず可愛いと振り向いてしまうペット関係

国内移住に特化した不動産会社「住まいる不動産」（静岡県伊東市）の柴田厚さんは、美しい伊豆高原の海や自然、季節の変化などの様子を連日のようにＬＩＮＥ公式アカウントのタイムラインに投稿しています。

柴田さんの特徴的な点は、不動産会社であるにもかかわらず、物件の内観や外観、設備など物件に関わる写真を一切、タイムラインに掲載していないところです。まさに柴田さんの「物件を売る」のではなくて「生活を売る」という販売姿勢がよく表現されているタイムライン投稿です。

登録者にダイレクトに送信される一斉配信メッセージと違い、押し付け感のないタイムラインの機能は、このように投稿頻度をデリケートに考えることなく活用できるのが大きな特徴です。

「住まいる不動産」の柴田さんは、
普段からSNS映えする場面を意識して撮影、投稿している。

住まいる不動産LINE@ID　@crl1046i

ビジネスの中でＳＮＳ映えする写真を投稿する習慣をつけたり、またはＳＮＳ映えする商品やサービスの企画を考えたりすることにより、お客様が自然な行動の中でＳＮＳに自社の商品の写真を投稿し、「営業マン」の役割を無料で果たしてくれれば、非常に効率的な営業活動になっていると言うことができます。

ケーキ店「ＳＡＲＡ」のタイムラインも、スイーツという販売時間が限られた商品をタイムリーに宣伝するツールとして機能をはたしています。

ＳＮＳ映えする業界以外の方も、興味深い写真は自然に拡散するという性質を持つＳＮＳ時代の特性を十分に理解して、その可能性を模索すると大きなヒントが得られるかも知れません。

三章で紹介した「SALA」のタイムライン。
SNS映えする新作ができると積極的にタイムラインで紹介している。

7 中小企業と社会的弱者がＬＩＮＥ公式アカウントでつかむ素晴らしい未来

これまで述べたように、今後、日本のビジネス社会で欠かすことのできないインフラとしてその存在感を増していくと予想されるＬＩＮＥ公式アカウント。

私が全国講演で日々、中小企業の経営者と触れていて率直に思うことがあります。それは、彼らは、利用料がかからずリスクのないソーシャルメディアの活用について実に消極的だということです。

YouTubeやブログのように無料であるにもかかわらずGoogle検索に上位表示されるソーシャルメディアは有効活用すべきなのに、私の講演受講者における導入率は一％です。つまり一〇〇人の前でYouTube活用について講演をしても、実践者はひとりいるかどうかということです。

ＬＩＮＥ公式アカウントについても同様です。無料で使用することができ、抜群の到達率を誇り、日本人のほとんどが使いこなしているツールであるＬＩＮＥのビジネス版「ＬＩＮＥ

公式アカウント」が目の前に現れても、「これはチャンスだ」と積極的な姿勢で取り組む方が圧倒的に少ないのです。

私はYouTubeと同様にＬＩＮＥ公式アカウントに対するこのような中小企業経営者の反応を非常に残念に思っています。私は地方の出身なので、特に東日本大震災の傷跡が深い東北地方などの経営者には、積極的に活用してもらい、業績を復活していただきたいと願っています。

私が地方からの講演オファーを面倒臭がらずに積極的に引き受けているのは、このような有効な武器が登場したことを社会的弱者にもっと活用していただきたいという願いを持っているからです。また、私が昔、勤務していた社会福祉施設など医療、福祉の業界も同様です。

高齢化社会が進み、ますます高齢者をサポートする側の人材や仕組みが求められている今、医療、福祉の業界のネット活用は前時代的です。ＬＩＮＥ公式アカウントは、YouTubeなどと並んで無料で使える威力抜群のツールという点でまさに中小零細企業や社会的弱者のためのものだと感じています。ちょうど二〇一一年の東日本大震災を機に、私が周囲の中小企業経営者とともに試行錯誤を繰り返しながら確立した「菅谷式YouTube戦略」のように、この動画活用型の「菅谷式ＬＩＮＥ公式アカウント戦略」が一社でも多くの会社を救い、ひとりでも多くの経営者、ビジネスマンに希望を与えるものに育つことを祈っています。

読者限定・菅谷信一ミニ動画セミナー

・第５章のポイント、内容を菅谷信一が読者限定公開動画で解説。

http://www.arms-project.com/linebiz-goma/05/

スマホから
はこちら

あとがき　〜ＬＩＮＥ営業・集客戦略があなたにもたらす異次元の未来〜

東日本大震災の被害の爪痕がまだ生々しく残る二〇一二年、私は中小企業に対して独自に開発したYouTube戦略を提唱し始め、多くの中小企業の業績アップのお手伝いをしてきました。

以来、六年間、日本全国各地を講演でまわり、特に地方で誠実なビジネスに取り組む多くの中小企業の実態を目の当たりにしてきました。

「菅谷さんから教わったYouTube戦略のお陰で商売が好転してきました。」
「YouTube戦略を実践したら、業績が二倍になりました。」
「今までになかったような問い合わせをYouTubeを通して得ることができました。」
「なんとか年を越せそうです。」

そのような感謝のメッセージが、連日のように私のメールボックスに届きます。

そうしたメッセージを読みながら私は、誠実にビジネスに取り組む中小企業に有効な戦略ツールを与え、効果的に活用して頂くことは、その企業だけでなくその地域をも元気にする、まさに「最後の希望」になるのだということを痛感しました。

私はYouTubeの普及啓蒙を通して、無料のソーシャルメディアひとつで中小企業や経営者の人生そのものが大きく変貌する現実を常に直視してきました。


そしてＬＩＮＥ公式アカウントの登場です。

ＬＩＮＥ公式アカウントは、YouTube以上に即効性があり、活用開始から比較的短期間に成果が出やすい中小企業必携のツールです。

私はYouTubeと並んでこのＬＩＮＥ公式アカウントを一社でも多くの日本全国で誠実にビジネスに取り組む中小企業に伝えたいと今回、筆を執ることにしました。

その想いは、東日本大震災直後に、「周囲の企業をなんとか支援しよう。」と立ち上がったときの心境と同じものでした。

政府発表のデータには表れていない、特に地方経済の閉塞感は想像以上のものがあります。私はそれに対して「知らんぷり」を決めつけることができなかったのです。


「求人倍率が改善したとか、株価が上がったとか言うが、まだまだ中小企業の現場は苦しいままなんだ。」

「国は最初からあてにはしていない。だが、中小企業が頑張る道しるべを示さなくてはいけない。」

そんな想いと使命感が私の胸の中にはありました。

ＬＩＮＥ公式アカウントの有効性を伝えるためには、実証済みの成功事例と独自の戦略が必要です。

ちょうど私が藤村しゅんさんと共に主宰する経営塾「ビジネスタイガー養成講座」が壮大な実践の場となりました。

「ビジネスタイガー養成講座」とは、二〇一七年五月に開講した全く前例のない思想と目的のもと始まった経営スクールです。

私とジョイント講師を務める藤村しゅんさんによる、経営の基本であるランチェスター戦略や最新のネット戦略、顧客維持戦略やクロージング対策、お客様の購買心理、経営者としてのモチベーション維持や継続習慣化など業績アップに欠かせないテーマについて、半年にわたる集中的な講義と実践報告についての助言コンサルティングを行う濃密なカリキュラムで実施されるスクールです。

また自身の利益を伸ばすことだけではなく、得られた利益から孤児院にランドセルを贈ることを目的のひとつに掲げた高邁な思想のもとに集った経営者集団でもあります。

私が提唱する「動画活用型ＬＩＮＥ公式アカウント」の運用は目覚ましい成果を上げることができました。それは「ビジネスタイガー養成講座」合計九二名のメンバーの努力の結晶です。

「得られた利益から孤児院にランドセルを贈る」共通の想いのもとに集ったメンバーですから、自身の業績アップもさることながら、その成功の先にある本書を通した「他者の成功」にも大きな喜びを感じて頂けるはずです。

そんな中小企業のリーダーたちが切磋琢磨しながら築き上げた最先端のＬＩＮＥ公式アカウント活用により、この本を通して、一人でも多くのＬＩＮＥ公式アカウント実践成功者が生まれることを祈っています。

本書の出版にあたりましては、本当に多くの方々のご協力をいただきました。この場を借りて御礼を申し上げます。

ともに「ビジネスタイガー養成講座」を主宰するキャンドルライト（株）の藤村しゅんさんには、私をＬＩＮＥ公式アカウントの世界に導いて頂き、これからの全く新しいネット戦略のしくみを共に考えて頂きました。これからも国内最先端のＬＩＮＥ公式アカウントを共に研究させてください。

第三章の事例として実践報告を頂きましたマキ鍼灸治療院の吉田真規子さん、串揚げこてつの樋口徹也さん、やきとりの三冠王の花井巌さん、株式会社アート・プラの横田浩崇さん、株式会社CARRYの鈴木貴大さん、目白接骨院の岡野達徳さん、これからＬＩＮＥ公式アカウント戦略に取り組む経営者にとって力強い先駆者としての事例になっていただけると思います。お忙しい中を取材の時間を頂きまして本当にありがとうございます。

また、ＬＩＮＥ公式アカウント活用の前例が乏しい中で常に試行錯誤を繰り返し、切磋琢磨をした「ビジネスタイガー養成講座」の皆様、ＬＩＮＥ公式アカウントへの取り組みについて実践報告と貴重な事例の提供を頂き、ありがとうございました。

お陰様で全国の中小企業の実態に合った実践的な内容を執筆することが出来ました。

また、運営サポートを頂きました大橋久美子さん、橋本麗子さん、ありがとうございました。これからも、LINE公式アカウントを活用して大きな利益をあげて「孤児院にランドセルを贈る」活動を続けていきましょう。

私の処女作「ネット経営逆転の法則」、「YouTube大富豪異七つの教え」、「YouTube革命者異次元の稼ぎ方」に続き、私に出版の機会を与えていただきましたごま書房新社の池田雅行社長、よりよい内容にするために丁寧に私をリードしていただいた大熊賢太郎さん。

本書の装丁をデザインしていただいたデザインガンバの木村徹さん。

今、私が一番伝えたいことを世の中に向けてお伝えする本を出版することが出来ました。本当にありがとうございました。

最後に、本書を含めこれまで十二作の拙著の内容を真摯に実践し、成果の報告を頂いた読者の方々。

皆様からのメッセージが全国講演、コンサルティング活動をする上での一番の励みになっています。この場を借りて御礼を申し上げます。

令和元年一〇月末日

菅谷 信一

著者略歴

菅谷　信一（すがや　しんいち）

株式会社アームズ・エディション代表取締役。ネット戦略コンサルタント。

1969年茨城県生まれ。獨協大学外国語学部卒。様々な会社でWEB企画制作業を事業化した経験を活かし、2001年にホームページ制作・営業コンサルティング会社として独立創業。ネットとアナログの融合による低コスト顧客獲得術、営業戦略立案により、資金のない倒産寸前の零細企業の業績を短期間で改善することを得意とするネットコンサルタント。

業界キャリア20年で500件のプロデュース・サポート実績は、ノーベル賞を輩出する国家研究機関、一部上場企業、ボクシング世界王者から個人商店、農家まで多岐に及ぶ。

毎年100件以上の講演・セミナー・企業研修に登壇する人気講師としても活躍中。

主な著書に『あなたが先に儲けなさい』（経済界）『YouTube大富豪7つの教え』（ごま書房新社）ほか、計12冊執筆。

■著者WEBサイト（取材・セミナー依頼はこちら）
・（株）アームズ・エディション
　http://www.arms-edition.com
・菅谷信一LINE公式アカウント
　ID：@s-sugaya

「LINE公式アカウント」

5G時代の"神"営業術

著　者	菅谷 信一
発行者	池田 雅行
発行所	株式会社 ごま書房新社 〒101-0031 東京都千代田区東神田1-5-5 マルキビル7F TEL 03-3865-8641（代） FAX 03-3865-8643
カバーデザイン	木村 徹（デザインガンバ）
印刷・製本	創栄図書印刷株式会社

ISBN978-4-341-08751-7 C0034

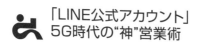

ごま書房新社の本

～わずか180日で1億円稼いだ最新動画戦略の神髄～

新版 YouTube大富豪 7つの教え

経営コンサルタント
菅谷 信一 著

菅谷信一の動画戦略を学ぶ！
Amazon1位
（マーケティング部門）

【YouTubeを使った「動画戦略」の基礎からビジネス活用まで！】
○現金ゼロの会社が180日で高額機械を1億販売
○年収3億円になった元ウェイトレス
○資料請求数50倍になった国家資格受験支援塾
いまYouTube戦略で、続々大富豪が生まれています。
その中心にいる、顧客に合計30億円の富を生み出してきた、
気鋭のネットコンサルティングが語る「稼ぐ」ネット戦略の全貌とは!

本体 1550円＋税　四六判　224項　ISBN978-4-341-08630-5　C0034